Eins, Zwei, Brei

Leckere Rezepte für das erste Lebensjahr

Sara Lewis

Eins, Zwei, Brei

Leckere Rezepte für das erste Lebensjahr

UMSCHAU

Für meine Kinder Alice und William

Übersetzung: Annerose Sieck, Falkendorf
Satz: primustype Hurler GmbH, Notzingen
Printed in China
ISBN 3-8295-7160-7

Besuchen Sie uns im Internet:
www.umschau-buchverlag.de

Die Autorin
Sara Lewis war elf Jahre lang Kochbuch-Lektorin beim Practical-
Parenting-Magazin. Sie hat zwei kleine Kinder, eines davon ernährt
sich vegetarisch. Sie kennt also Freud und Leid, für Kinder mit unter-
schiedlichem Geschmack zu kochen. Sara Lewis schreibt regelmäßig
für Vegetarier-Zeitschriften und hat zwei Bücher über Kinder-
ernährung veröffentlicht. „Dein Baby isst mit – Das Kochbuch für
Schwangerschaft und Stillzeit" ist 2002 im Umschau Buchverlag
erschienen.

Hinweis zu den Rezepten:
Bei den Rezepten wurden Standardmaße zugrunde gelegt:
1 Esslöffel (EL) entspricht 15 Milliliter (ml)
1 Teelöffel (TL) entspricht 5 Milliliter (ml)

Soweit nicht anders angegeben, sollten Eier von mittlerer Größe (M)
verwendet werden.

Soweit nicht anders angegeben, sollte vollfette Milch (3,5 %)
verwendet werden.

In diesem Buch finden Sie Rezepte, die Nüsse und Nussverwandte
enthalten. Leiden in Ihrer Familie mehrere Personen an einer Nuss-
allergie oder -überempfindlichkeit, sollten Sie Nüsse und Nussöle
nicht bei der Zubereitung der Speisen verwenden. Darüber hinaus
ist es ratsam, die Angaben der Hersteller auf Verpackungen genau-
estens durchzulesen, um auszuschließen, dass sich Nüsse oder Nussverwandte darin befinden.

Wenn nicht anders angegeben, sollten Sie frische Kräuter verwenden. Alternativ können Sie auf getrocknete Kräuter ausweichen, allerdings müssen Sie dann die Mengenangabe halbieren.

Backöfen müssen stets vorgeheizt werden – wenn Sie einen Heiß-
luftherd besitzen, sollten Sie sich hinsichtlich Temperatur und Garzeit
an die Angaben des Herstellers halten.

Vegetarische Produkte sind mit dem „V"-Label gekennzeichnet. Kaufen Sie nur gekennzeichnete Produkte, um sicherzugehen, dass diese
für Vegetarier geeignet sind.

Inhalt

Einführung

Wir als Eltern wollen stets das Beste für unsere Kinder – das schließt natürlich die angebotene Nahrung ein. Nicht etwa nur, um zu zeigen, wie gut wir für unsere Kleinen sorgen; vielmehr liegen uns Wachstum und Gesundheit unserer Kinder am Herzen. So wie es entscheidende Phasen für das Laufen- und Sprechenlernen und die Entwicklung der Fähigkeit, andere Menschen wieder zu erkennen gibt, scheinen sich auch Geschmacksvorlieben in einem bestimmten Zeitraum zu entwickeln.

Bis jetzt stellte Milch alles zur Verfügung, was Ihr Baby für seine Gesundheit brauchte. Vom vierten bis sechsten Monat an benötigt es jedoch zusätzliche Nahrung, um dem wachsenden Nährstoffbedarf gerecht zu werden. Diese ersten Mini-Löffelchen mit dünnem Brei künden den Beginn einer neuen spannenden Entwicklungsphase im Leben Ihres Babys an: Es ist die Zeit der großen Entdeckungen. Es ist allerdings ratsam, Ihrem Kind besonders in den ersten Wochen der Entwöhnung ausreichend Zeit zu lassen, sich auf diesen neuen Weg der Nahrungsaufnahme einzustellen.

Entscheidend ist, dass Sie wissen, welche Nahrung wann gegeben werden sollte. Die erste feste Mahlzeit muss absolut fein und leicht verdaulich sein. Deshalb finden Sie im Buch auch ein gesondertes Kapitel mit Rezepten für Ihr Baby und Tipps für die sorgfältige Nahrungszubereitung und -lagerung.

Es gibt Babys, die diese Phase so richtig genießen. Andere zeigen sich wesentlich zurückhaltender. Einige wollen einen bestimmten Brei immer wieder haben, während andere glücklich auf jede neue Geschmacksrichtung reagieren und schnell auf eine abwechslungsreiche und festere Kost umsteigen. Jedes Kind ist eben ein Individuum, und immerhin ist das alles neu – für das Baby und auch für Sie, es sei denn, Sie haben schon Kinder. Lassen Sie sich von Ihrem Baby leiten und versuchen Sie gar nicht erst, das nachzuahmen, was Ihre Freundinnen mit ihren Kindern anstellen – das Leben ist nun mal keine Hetzjagd!

Wenn die Entwöhnung erst einmal geschafft ist, kann die Ernährung Ihres Babys schnell erweitert werden. Dazu gibt jede Menge Rezepte, mit denen Sie Ihr Kind verführen können. Wenn sich der erste Geburtstag Ihres Kindes nähert, sind Ihre Fütterungsgewohnheiten wohl schon längst selbstverständlich geworden und Ihr Kind hat vielleicht bereits begonnen, allein zu essen. Jetzt können Sie schon eine ganze Reihe Mahlzeiten miteinander einnehmen.

Dieses Buch steckt voll praktischer und hilfreicher Ratschläge. Sie erfahren alles, was Sie über die Ernährung Ihres Babys im ersten Lebensjahr wissen müssen: Wann Sie mit der Entwöhnung anfangen sollten, welche Nahrung Sie in welcher Phase anbieten sollten, Tipps zum Vorrats-Kochen, damit Ihnen Zeit für anderes bleibt. Dazu finden Sie einfache und schmackhafte Rezepte, die den Weg Ihres Kindes von einem winzigen Baby zu einem abenteuerlustigen Kleinkind sichern helfen.

So wichtig ist Milch

Das einzige, was ein Baby in den ersten Monaten benötigt, ist Milch – ob nun aus der Brust oder in Form von Säuglingsnahrung. Jedes Neugeborene verfügt über einen Vorrat an Eisen, der die ersten sechs Monate ausreicht und in gewisser Weise durch die Milch ergänzt wird. Muttermilch garantiert Ihrem Baby die besten Startmöglichkeiten ist deshalb das ideale Nahrungsmittel. Sie enthält alle erforderlichen Nährstoffe in der richtigen Zusammensetzung und zudem Antikörper gegen diverse Infektionen. Der hohe Gehalt an Fettsäuren schützt das Baby zudem

vor Allergien. Der Eisengehalt der Muttermilch ist zwar gering, allerdings kann Ihr Baby es leicht aufnehmen. Zusammen mit seinem eigenen Eisenspeicher ist der Bedarf der ersten sechs Monate also gedeckt. Die Muttermilch passt sich den Bedürfnissen des Kindes an: Sie nährt das Frühchen ebenso gut wie das heranwachsende Baby. Und bei heißem Wetter kommt sie bereits in verdünnter Form als perfekter Durstlöscher aus der Brust. Stillen ist steril, kostenlos und jederzeit fertig und in gewünschter Temperatur verfügbar – also praktisch auf Anforderung! Wie jede neue Fertigkeit muss aber auch das Stillen erst einmal erlernt werden – gerade am Anfang haben viele damit Probleme. Haben Sie ein wenig Geduld und scheuen Sie sich nicht, die Ratschläge Ihrer Hebamme, Ihres Arztes oder die der Stillberaterin anzunehmen. Stillen Sie Ihr Baby bis zur sechsten Woche, bis zum sechsten Monat oder bis zu seinem ersten Geburtstag. Oder einfach solange, bis Sie und Ihr Baby instinktiv merken, dass es Zeit ist damit aufzuhören.

Milchnahrung für den Säugling
Die pulverisierte Kuhmilch für die Säuglingsnahrung wird in besonderer Weise verändert, um der Nährstoffzusammensetzung der Muttermilch so ähnlich wie möglich zu sein. Gleichzeitig wird sie mit Vitaminen und Mineralien angereichert. Diese Anfangsmilch für das Neugeborene basiert im Allgemeinen auf Molke, während die Folgemilch für das hungrigere Baby ab sechs Monaten mit einem höheren Anteil an Kasein schon eher der

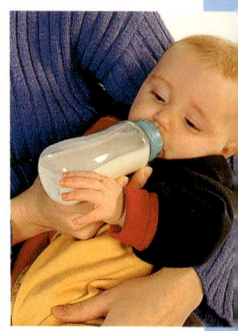

Vollmilch ähnelt. Bereiten Sie Säuglingsnahrung ausschließlich mit zuvor abgekochtem Wasser zu und lagern sie die vollen Fläschchen bis zum Gebrauch im Kühlschrank. Verwenden Sie kein Wasser, dass bereits mehrfach gekocht hat oder enthärtet ist. Auch Mineralwasser ist ungeeignet, weil es hohe Konzentrationen an Mineralsalzen enthalten kann. Im Alter von zwölf Monaten können Sie das Kind an Vollmilch gewöhnen.

Säuglingsnahrung auf Soja-Basis
Sollte Ihr Baby eine Laktose-Intoleranz oder -Allergie entwickeln, sind Sie eventuell auf Säuglingsnahrung auf Soja-Basis oder hyperallergene Nahrung (HA-Nahrung) angewiesen. Ob und in welchem Umfang dies erforderlich ist, sollten Sie aber in jedem Fall erst nach ärztlicher Untersuchung und Anweisung entscheiden.

Sojamilch enthält im Gegensatz zu „normaler" Milch keinen Zucker und ist häufig mit Glukosesirup gesüßt, der die Zähne schädigt. Einige Produkte enthalten zudem geringe Mengen an Aluminium und sind deshalb genauso ungeeignet für Ihr Baby. Unbehandelte oder Sojamilch aus der Pappschachtel sollten Kinder ohnehin nicht vor dem dritten Lebensjahr bekommen.

Ziegenmilch
Leichter verdaulich als Kuhmilch und deshalb auch von Geburt an anwendbar ist Säuglingsnahrung aus Ziegenmilch. Da sie zudem meist weniger Allergien hervorruft, könnten Sie mit Ihrem Arzt über die Anwendung reden. Vollfette frische Ziegenmilch ist allerdings nicht als Hauptnahrung für Babys unter zwölf Monaten geeignet – und später auch nur pasteurisiert.

Kuhmilch
In den ersten zwölf Lebensmonaten ist Kuhmilch pur nicht als Getränk für Ihr Kind geeignet. Vom sechsten Monat an kann sie jedoch der Nahrung hinzugefügt werden. Kuhmilch ist mit ihrem Kalziumgehalt besonders wichtig für das Wachstum von Zähnen und Knochen. Die ausgezeichnete Energiequelle enthält Protein, Vitamine und Mineralien in idealer Zusammensetzung.

Und andere Getränke?

Bis zum dritten oder vierten Monat benötigen „Brustbabys" keinerlei zusätzliche Nahrung. Dies gilt sogar für heiße Tage, an denen Muttermilch auf natürliche Weise den Durst löscht. Um eine ausreichende Ernährung zu gewährleisten, ist es in der Anfangsphase des Stillens sogar erforderlich, ausschließlich die Brust zu geben. Die Produktion der Muttermilch steigt mit dem Durst des Säuglings!

Etwa von der sechsten Woche an können Sie der Nahrung abgekochtes kaltes Wasser hinzugeben. Ihr durstiges Baby wird es begeistert trinken, erliegen Sie also nicht der Versuchung, Aroma- oder Süßstoffe beizumengen. Benutzen Sie – wie bei der Flaschennahrung – frisches und aufgekochtes Wasser und keines, dass bereits einmal aufgekocht war oder enthärtet wurde. Nehmen Sie kein mit Kohlensäure versetztes oder stilles Mineralwasser mit einem hohen Gehalt an Mineralien. Lassen Sie sich bei der Auswahl geeigneter Mineralwassermarken lieber ausführlich beraten, wenn Sie diese vorziehen. Und denken Sie daran: Auch Mineralwasser aus der Flasche muss für Babys bis zum sechsten Monat aufgekocht und abgekühlt werden!

Gewöhnen Sie sich daran, die Etiketten gründlich zu lesen, wenn Sie später Ihrem Kind zusätzliche Getränke anbieten möchten. Sogar Babytees enthalten häufig mehr Zucker, als Sie sich vorstellen können. Der ist häufig nicht als solcher deklariert, sondern versteckt sich hinter Bezeichnungen wie Sukrose, Glukose, Glukosesirup, Fruktose, Maltose, Maltodextrin oder Maissirup. Auch

wenn die Verpackung eines Fruchtsaftes häufig mit bunten Cartoons etwas anderes suggeriert, kann er für Kinder unter einem Jahr völlig ungeeignet sein. Auch künstliche Süßstoffe wie Aspartam, Saccharin, oder Acesulfam-K sind nicht für Babys erfunden worden. Im Verhältnis 1 zu 10 mit Wasser verdünnte ungesüßte Fruchtsäfte dürfen Sie Ihrem Kind zwischen dem neunten und zwölften Monat allerdings anbieten.

Der erste eigene Becher

Ab dem fünften oder sechsten Monat können Sie Ihr Baby langsam ans Trinken aus dem Becher gewöhnen. Fangen Sie mit einem kleinen an, der eine schmale Trinköffnung (Schnabel) hat, damit das Getränk nicht zu schnell herauskommt. Bieten Sie ein wenig Wasser, Milchnahrung oder Muttermilch an. Wenn Ihr Baby Gefallen daran findet, können Sie langsam auf einen Becher mit Henkeln umsteigen, damit das Kind beim Trinken mithelfen kann. Kaufen Sie einen mit möglichst dichtem Deckel, um das Kleckern auf ein Minimum zu reduzieren. Gewöhnen Sie Ihr Kind etwa mit einem Jahr vollständig an die Benutzug eines Bechers beim Trinken oder beschränken Sie dann das Fläschchen wenigstens auf die letzte Trinkmahlzeit des Tages. Wenn Ihr Baby sich sehr an das Fläschchen gewöhnt hat, ist die lustvolle Sauggewohnheit häufig gar nicht so leicht abzugewöhnen. Versuchen Sie es mit häufigem Wechsel zwischen Fläschchen und Becher.

Auch ungesüßte Fruchtsäfte sollten Sie jetzt allerdings nicht mehr aus der Flasche anbieten, da das übermäßig lange Saugen am Saft meist in Zahnkaries endet. Bieten Sie zu den gewöhnlichen Mahlzeiten Fruchtsäfte im Becher an und widerstehen Sie möglichst der Versuchung, während des Spaziergangs Ihrem quängelnden Kind in der Sportkarre ein Fläschchen zu geben – es sei denn, es ist nur Wasser drin.

Die erste feste Nahrung

Die erste kleine Portion von weichem Brei ist der Meilenstein zu einer neuen aufregenden Entwicklungsphase Ihres Babys.

Was bedeutet eigentlich Entwöhnung?
Entwöhnung wird der Prozess genannt, der mit dem ersten Reis- oder Gemüsebrei neben der gewohnten Säuglingsmilch beginnt. Er leitet die Zeit der gemischten bzw. festen Nahrung ein. Wenn Ihr Baby sich allmählich an das Essen mit dem Löffel gewöhnt hat, können Sie Menge und Anzahl fester Mahlzeiten schrittweise von einer Mini-Portion auf drei pro Tag erhöhen. Wenn das Baby Fortschritte macht, darf das Püree ruhig dicker

und grobkörniger werden, bis Ihr Kind schließlich mit einer fein zerkleinerten Portion an der Familienmahlzeit teilnimmt. An sich ist der Begriff „feste Nahrung" ein Widerspruch in sich, da die ersten Breie alles andere als „fest" sind – eher wie ein sehr weicher Porridge oder eine Art Creme.

Wann sollten Sie damit anfangen?
Zwischen dem fünften und siebten Monat sind die meisten Babys in der Lage, den ersten Mund voll fester Nahrung zu sich zu nehmen.

Es mag gelegentlich vorkommen, dass größere Babys bereits vor dem fünften Monat den Anschein erwecken, feste Nahrung

---

SO KÖNNEN SIE DEN RICHTIGEN ZEITPUNKT ERKENNEN

♦ Ihr Baby scheint nach der Flaschenmahlzeit nicht vollauf zufrieden zu sein.

♦ Es verlangt immer häufiger nach Nahrung.

♦ Es ist allgemein unruhig und quängelig.

♦ Es wacht nachts immer häufiger auf.

---

zu wollen. Lassen Sie sich ohne den Rat Ihres Arztes jedoch nicht dazu verführen, mit der Entwöhnung früher zu beginnen: Das Verdauungssystem Ihres Babys ist bis zum fünften Monat meist noch zu unausgereift, um mit fester Nahrung fertig zu werden, und die zu frühe Entwöhnung könnte zudem die Wahrscheinlichkeit von allergischen Reaktionen fördern. Auch wenn Allergien in Ihrer Familie gehäuft auftreten, sollten Sie mit der Entwöhnung möglichst lange warten.

Bei Ihrem ersten Kind könnten Sie sich unter den Druck gesetzt fühlen, Ihrem Baby so früh wie nur irgend möglich feste Nahrung anbieten zu müssen, vielleicht nur deshalb, weil Ihre Freundinnen es auch so gemacht haben. Geben Sie solchen Impulsen nicht nach, es geht hier nicht um einen Wettbewerb, und es ist vorteilhafter, noch etwas zu warten. Lassen Sie sich ganz einfach von den Gefühlen Ihres Babys und den eigenen leiten. Ganz am Anfang der Entwöhnungsphase steht das Ziel, Ihr Baby langsam in die Welt der Geschmacksrichtungen und Beschaffenheit von anderen Nahrungsmitteln als Milch einzuweihen. Es geht nicht darum, mit diesen Nahrungsmitteln zusätzliche Portionen anzubieten.

Machen sie es sich bequem
Wahrscheinlich fühlt sich Ihr Baby sicher und wohl, wenn es auf ihrem Schoß sitzt. Schützen Sie den Strampelanzug mit einem Lätzchen oder einer Windel und Ihre eigenen Sachen mit einem Geschirrhandtuch. Wenn das Füttern Routine und Ihr Baby größer geworden sind, mag ein Kinderstuhl oder einfach ein Autokindersitz auf einer Decke auf dem Fußboden die einfachere Alternative sein.

Nehmen Sie sich viel Zeit zum Füttern, damit Ihr Baby und Sie diese neue Erfahrung so richtig genießen können. Am besten wählen Sie eine Zeit, zu der Ihre älteren Kinder – falls schon vorhanden – noch in der Schule sind oder gerade draußen spielen – vielleicht nach dem Vormittagsschläfchen Ihres Babys. Damit beim Kleinen keine Hektik aufkommt, könnten Sie vor der festen Mahlzeit etwas Flaschennahrung anbieten. Eine zweite Portion aus der Flasche sollte es danach geben.

WELCHE NAHRUNG EIGNET SICH?

Handelsüblicher Babyreis in Pulverform ist als eines der ersten festen Nahrungsmittel geeignet, weil er leicht zuzubereiten ist und die erforderlichen Portionen sehr klein sind. Vermischen Sie einen Teelöffel davon mit Muttermilch, Säuglingsmilch oder zuvor abgekochtem Wasser zu einem Brei mit weicher Konsistenz (siehe Verpackungshinweise). Prüfen Sie die Temperatur – sie sollte lauwarm sein, und bieten Sie ihn Ihrem Baby auf einem schmalen und nur leicht gewölbten Plastiklöffel an. Der Geschmack unterscheidet sich nicht sehr von der üblichen Säuglingsmilch und Ihr Baby wird den Brei dankbar entgegennehmen. Brechen Sie das Füttern ab, wenn Ihr Kind offensichtlich noch nicht damit zufrieden ist, und versuchen Sie es in ein paar Tagen oder Wochen einfach aufs neue. Vom Löffel zu essen ist eine neue Fertigkeit, die Ihr Baby erst erlernen muss. Ärgern Sie sich auch nicht darüber, wenn vom Brei mehr „daneben geht" als im Mund landet. Während Ihr Baby das Kauen lernt, anstatt nur zu saugen, bezieht es noch alle benötigten Nährstoffe noch aus der Milch.

Wenn Ihr Kind die erste feste Mahlzeit gut angenommen hat, geben Sie seinem Verdauungssystem ein paar Tage Zeit, sich darauf einzustellen. Dann erhöhen Sie die Menge langsam auf zwei bis drei Löffel. Sie können auch fein pürierte und durch ein Sieb gestrichene Kartoffeln anbieten. Wenn Ihr Baby über den Geschmack dieser ersten Minihäppchen begeistert ist, können Sie andere Aromen wie püriertes Obst und Gemüse anbieten. Junge Möhren, Pastinaken, Brokkoli oder Süßkartoffeln sind verträgliche Sorten für das erste Gemüsepüree. Schälen und würfeln Sie das Gemüse, waschen Sie es gut unter fließendem Wasser ab und wählen Sie schonende Garverfahren wie Dünsten oder Dämpfen. Pürieren Sie alles mit Muttermilch, Säuglingsmilch oder Wasser oder kochen Sie es alternativ darin und pürieren das Ganze. Streichen Sie den Brei nochmals durch ein Sieb, um sicherzugehen, dass er klumpenfrei ist.

Dessertäpfel und -birnen sind geeignete erste Früchte. Schälen, entkernen und kochen Sie das gewürfelte Obst in etwas Wasser – ohne Zucker! –, pürieren und sieben sie das Ganze. Vielleicht mögen Sie auch einen dünnen Porridge aus weißem Reis, Getreideflocken, Sago oder Hirse, gekocht in Muttermilch, Säuglingsmilch oder Wasser anbieten.

SO GEHT´S WEITER

Wenn Ihr Baby sich erst einmal an den Brei gewöhnt hat, sollten Sie in den folgenden vier bis sechs Wochen langsam auf zwei kleine Mahlzeiten pro Tag übergehen. Passen Sie dabei auch die Menge dem Appetit des Kindes an. Achten Sie darauf, dass der Geschmack möglichst unverfälscht und leicht und das Püree weich und klumpenfrei bleiben. Erhalten Sie auf alle Fälle die Milchmahlzeiten aufrecht und bieten Sie etwa 600 Milliliter Muttermilch oder Säuglingsmilch pro Tag an.

TIPPS FÜR DIE ENTWÖHNUNGSPHASE

♦ Lassen Sie sich von Ihrem Baby und von Fachleuten leiten.

♦ Für ein Baby ist das Essen mit dem Löffel eine schwierige Sache, bei der anfangs einiges „daneben geht".

♦ Drängen Sie Ihr Baby beim Füttern nie zur Eile.

♦ Bieten Sie in den ersten Wochen immer nur eine neue Geschmacksrichtung zur Zeit an.

♦ Achten Sie in den ersten sechs Monaten streng auf sterilisiertes Geschirr. Sterilisieren Sie solange Brustwarzen und Fläschchen, wie das Baby diese nimmt (siehe auch Seite 13).

Babynahrung selbst zubereitet

Nur das Beste ist gut genug für Ihr Baby! Das bedeutet allerdings nicht, dass die Ernährung des Kleinen die Welt kosten muss oder stundenlange Zubereitungszeiten erfordert. Gerade in der Entwöhnungsphase ist es viel einfacher, die Babynahrung auf Vorrat zu kochen, weil die notwendigen Mengen noch sehr klein sind. Schließlich dauert es kaum länger, statt einer zwei Möhren zu pürieren. Selbst zubereitete Babynahrung hat den Vorteil, dass Sie genau wissen, was drin ist und garantiert zudem, dass sie frei von Zusatzstoffen ist.

DIE GRUNDAUSSTATTUNG

Das meiste, was Sie für die Zubereitung der Babynahrung benötigen, haben Sie sicherlich bereits in Ihrem Haushalt. Ergänzen Sie einfach die wenigen noch fehlenden Extras aus den nachfolgenden Vorschlägen.

Für die Nahrungszubereitung
◆ Zwei kleine Schneidebretter aus Kunststoff, eines zum Zerkleinern von Obst und Gemüse, das andere fürs Fleisch
◆ Ein kleines scharfes Messer
◆ Ein Sparschäler für Obst und Gemüse

Zum Kochen
◆ Ein Dampfkochtopf ist sicherlich optimal, um vitaminschonend zu garen. Sollten Sie noch keinen besitzen,

bietet es sich jetzt an, in einen relativ preiswerten, erweiterbaren Dampfkochtopf aus rostfreiem Stahl zu investieren. Sie können natürlich auch gleich ein teureres Dampf- und Kochtopf-Set wählen. Ansonsten können Sie auch mit einem Metallsieb über einem mittelgroßen Kochtopf und einem großen Deckel bzw. Folie improvisieren.
◆ Wenn Ihre Kochtöpfe die besten Jahre bereits hinter sich haben, sollten Sie sich vielleicht auch noch mit einer neuen, mittelgroßen beschichteten Pfanne mit Deckel ausrüsten.

Zum Pürieren
◆ Ein neues kräftiges Kunststoffsieb und ein Kartoffelstampfer oder eine Gabel, um die Nahrung zu zerkleinern, sind nützlich und preiswert.
◆ Eine Hand betriebene Nahrungsmühle ist – wenn auch etwas altertümlich und aus der Mode gekommen – eine praktische Haushaltshilfe. Die Nahrung wird durch Scheiben unterschiedlicher Größe gepresst, die unkompliziert ausgewechselt werden können. Je nach verwendeter Scheibe ist das Ergebnis ein feines oder gröberes Püree ohne Häute und Kerne. Wenn Sie größere Mengen

auf Vorrat kochen wollen, erfordert das Gerät allerdings schon einen etwas intensiveren Arbeitsaufwand.
◆ Ein Mixer spart Zeit und Aufwand und ist damit wohl die beste Wahl, um größere Mengen an Püree zuzubereiten. Dafür müssen Sie aber auch erheblich mehr Geld investieren als bei den beiden zuvor vorgestellten Methoden. Mit einem Mixer wird der Brei feiner als mit einer einfachen Küchenmaschine, sie sollten allerdings beim Kauf darauf achten, dass kleinere Mengen nicht zwischen den Klingen hängen bleiben können.
◆ Kombinierte Küchenmaschinen (mit Mixer) sind natürlich das Nonplusultra. Sie verfügen meist über Zusatzeinsätze, mit denen auch kleinere Breimengen mühelos bereitet werden können.

Zum Füttern
◆ Am besten eignet sich ein schmaler flacher und nur leicht gewölbter Babylöffel aus Plastik mit abgerundeten Ecken zum Schutz des Zahnfleischs. Wenn Sie im Supermarkt so etwas nicht finden, versuchen Sie´s in einem Baby-Fachgeschäft, in der Apotheke oder Drogerie.
◆ Für den Anfang benötigen Sie nur eine kleine Porzellan- oder Plastikschale. Wenn das Baby etwas größer und unruhiger wird, ist eine Schale mit Henkel einfacher zu handhaben. Die können Sie besser festhalten und so das Kleckern vermeiden. Wenn Ihr Baby erst einmal selbst isst, sollten Sie einen Becher mit rutschfestem Boden verwenden, der auf dem Tischchen des Hochstuhls festen Halt findet.

♦ Sehr nützlich sind Löffel und Schalen mit Temperaturanzeige, die sich verfärben, wenn die Mahlzeit zu heiß für Ihr Baby ist.

♦ Zum Schutz der Babykleidung sollten Sie anfangs schmale weiche Stofflätzchen oder Musselintücher benutzen. Für das größere Baby eignen sich Plastik beschichtete oder abwischbare Lätzchen. Hat Ihr Kind erst einmal gelernt, selbst zu essen, sind Ärmel-Lätzchen von Vorteil. Es eignen sich auch Plastiklätzchen mit einem Einsatz, der Verschüttetes aufnimmt.

♦ Kinderstühle gibt es in vielen Designs und Preislagen – vom günstigen Sitz, der direkt am Esstisch angebracht wird über das Klappmodell, das für kleine Küchen ideal ist und zum Besuch bei Oma und Opa mitgenommen werden kann, bis hin zum Luxusmodell mit verstellbarem Sitz und Tablett, das sich später einmal in Stuhl und Tisch verwandeln lässt. Für welche Variante Sie sich auch entscheiden, achten Sie darauf, dass sie stabil und leicht zu säubern ist. Das gilt auch für den Sitz (Finger weg von Modellen mit „Fallen" für verschüttetes Essen, etwa eingelassenen Schraublöchern!). Das Tablett oder Tischchen des Hochstuhls sollte erhöhte Kanten haben, damit Verschüttetes nicht herunter fallen kann. Befestigungen und Befestigungspunkte sollten stabil sein, das allerwichtigste, um eine sichere Mahlzeit für Ihr Baby zu gewährleisten.

♦ Schützen Sie den Fußboden unter dem Hochstuhl mit einer Plastikdecke, alten Handtüchern oder Zeitungen. Vor allem dann, wenn Ihr Baby schon selbstständig isst.

GUT VORBEREITET

Hygiene ist bei der Nahrungszubereitung für Ihr Baby von größter Bedeutung. Die Schreckensmeldungen über Lebensmittelvergiftungen in Fernsehen und Zeitungen haben uns die lauernden Gefahren nur noch bewusster gemacht.

1 Waschen Sie sich gründlich die Hände, bevor Sie Babynahrung bereiten.

2 Reinigen Sie Schneidebretter, Geschirr und Töpfe vor Gebrauch sorgfältig – wenn möglich im Geschirrspüler. Spülen Sie ansonsten die Gegenstände nach der Abwäsche in kochendem Wasser. Lassen Sie alles gut abtropfen und wechseln Sie regelmäßig die Geschirrtücher.

3 Kleinere Gegenstände sollten in einem Dampfsterilisationsgerät, in einem Kochtopf mit kochendem Wasser (fünf Minuten lang) oder in einer flüssigen Sterilisationslösung (Hinweise auf der Verpackung beachten!) keimfrei gemacht werden. Achten Sie darauf, dass alle Teile vollständig von der Flüssigkeit bedeckt sind.

4 Säubern Sie Fläschchen und auch Brustwarzen gründlich, bevor Sie sterilisiert werden. Wenn Ihr Baby älter als sechs Monate ist, brauchen Sie die Geräte zur Essensvorbereitung nicht mehr zu sterilisieren.

5 Halten Sie die Arbeitsflächen in der Küche peinlichst sauber.

6 Zur Fütterung von Haustieren müssen gesonderte Schüsseln, Dosenöffner und Gabeln benutzt werden, die selbstverständlich auch separat abgewaschen werden!

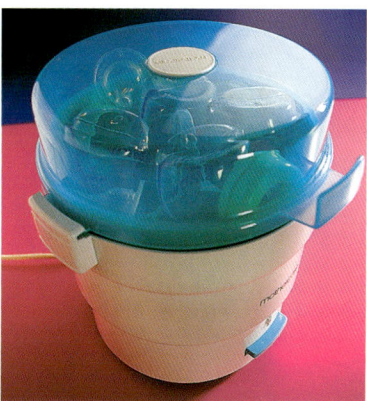

Auf Vorrat kochen

Gerade in der Anfangsphase der Entwöhnung isst Ihr Baby so geringe Mengen, dass es einen großen Zeitgewinn für Sie bedeutet, größere Mengen Püree auf einmal zu bereiten. Die können Sie dann in Einzelportionen einfrieren. Damit haben Sie mehr Zeit für kleine Ausflüge oder – wenn Sie wieder arbeiten und das Kind von anderen beaufsichtigt wird oder in der Kinderkrippe ist – für Ihr Baby. Bereiten Sie einfach eine größere Menge einfacher Breie zu oder verdoppeln Sie die in den Baby-

Rezepten angegebenen Zutaten, bevor Sie alles pürieren. Behalten Sie etwas für die nächste Mahlzeit zurück und stellen es gut abgedeckt in den Kühlschrank, bis es gebraucht wird. Den Rest füllen Sie portionsweise in einen sterilisierten Eiswürfelbereiter oder in Plastiktöpfchen. Diese verschließen Sie ganz fest und etikettieren sie mit Zubereitungsdatum und Inhalt. Frieren Sie es so schnell wie möglich ein und verbrauchen Sie es innerhalb von sechs Wochen. Sollten Sie einen Eiswürfelbereiter benutzen, muss die Nahrung, wenn sie fest ist, in einen Plastikbehälter umgefüllt und kann erst dort mit Etiketten versehen werden. Achten Sie unbedingt darauf, dass die Behälter zuvor sterilisiert worden sind. Bei Bedarf können Sie jetzt so viele Würfel herausnehmen, wie Sie gerade benötigen oder wie es dem wachsenden Appetit Ihres Babys entspricht.

Tauen Sie die kleinen Mahlzeiten über Nacht im Kühlschrank auf, erhitzen Sie sie vollständig unter ständigem Rühren (damit sie nicht im Topf ansetzen) und kühlen Sie die Mahlzeit dann auf die gewünschte Temperatur herunter. Die Mikrowelle ist die Alternative für Eilige. Achten Sie jedoch darauf, dass die Mahlzeit durch und durch aufgetaut und erhitzt ist und rühren Sie alles noch einmal gut um, bevor Sie es abkühlen lassen (es könnten sonst heiße Zellen im Brei bleiben). Wenn Sie die Mahlzeit dann heruntergekühlt haben, sollten Sie alles nochmals umrühren und die Temperatur prüfen, bevor Sie das Baby füttern.

Niemals Aufgewärmtes ...

Wenn der Appetit Ihres Babys einmal nicht so groß war, ist die Versuchung, den Rest aufzubewahren und später wieder aufzuwärmen umso größer. Widerstehen Sie diesem Wunsch und werfen Sie Reste der Mahlzeit grundsätzlich weg. Aufgewärmtes bietet ideale Bedingungen für die Vermehrung von Bakterien und ist häufig der Grund für eine Lebensmittelvergiftung!

ZUR ERINNERUNG

♦ Decken Sie frisch gekochte Nahrung immer gut ab und stellen sie so schnell wie möglich in den Kühlschrank.
♦ Nahrung niemals häufiger als einmal wieder erhitzen.
♦ Bewahren Sie bei der Zubereitung größerer Portionen eine für die nächste Mahlzeit Ihres Kindes im Kühlschrank auf. Den Rest frieren Sie ein. Erhitzen Sie niemals alles Tiefgekühlte auf einmal und frieren dann den Rest wieder ein.
♦ Achten Sie darauf, Tiefgekühltes kochend heiß zu erhitzen, bevor Sie es auf die gewünschte Temperatur abkühlen.
♦ Lassen Sie die Mahlzeit gut abkühlen, wenn Sie eine Mikrowelle verwenden, und vergessen Sie das Umrühren nicht.

UMGANG MIT DER MIKROWELLE

Ein Mikrowellenherd erhitzt Nahrung anders als ein herkömmlicher Herd, in dem die Hitze langsam von außen nach innen dringt. Bei der Mikrowelle verteilt sich die Hitze unregelmäßig. Um dies auszugleichen, sollte gut umgerührt werden. Lassen Sie dann die Mahlzeit ein paar Minuten stehen, damit die Hitze sich gleichmäßig verteilen kann und rühren Sie nochmals um. Prüfen Sie die Temperatur vor dem Füttern sorgfältig. Der völlig falsche Weg ist es, Babynahrung nur lauwarm zu erhitzen. Das ist zwar die ideale Temperatur für's Baby, jedoch auch für die Vermehrung von Bakterien. Sie machen alles richtig, wenn Sie die Nahrung grundsätzlich erst kochend heiß erhitzen und dann auf die richtige Temperatur abkühlen lassen.

Die Beschaffenheit muss stimmen

Es ist unbedingt erforderlich, auf die richtige Beschaffenheit der Babynahrung zu achten. Ist sie gleich am Anfang zu dick, kann das Baby sie nicht schlucken. Ist der Brei allerdings auf Dauer zu dünn, wird es ein schlechter Esser, der nur ungern etwas zu sich nimmt, das gut gekaut werden muss.

Mit etwa sechs Monaten lernt Ihr Baby das Kauen. Wird das zu lange durch zu dünnen Brei verschludert, könnte dieses Entwicklungsstadium unterdrückt werden. Die Folge: Ihr Kind nimmt später eventuell nur widerwillig an der Familienmahlzeit teil. Lassen Sie sich einfach von der Entwicklungsgeschwindigkeit Ihres Kindes lenken, wenn es vom ersten weichen Brei über zerdrücktes Essen zur festen Nahrung geht – manche sind dabei schneller, manche brauchen länger. Das Zahnen bringt zusätzliche Probleme mit sich. Es ist wie bei Erwachsenen: Wenn das Zahnfleisch wund ist, nimmt auch Ihr Baby nur ungern festere

Nahrung zu sich. Setzen Sie damit einfach ein paar Tage aus, bis Ihr Kind sich wieder besser fühlt. Versuchen Sie die Entwicklung Ihres Kindes durch unterschiedliche Beschaffenheiten der Nahrung und des Geschmacks zu fördern.

Ab dem 4. Monat: Leicht soll´s sein
Der ultradünne Brei aus Babyreis oder Kartoffeln macht den Anfang. Wechseln Sie zu Breis aus Butternut Squash, Süßkartoffeln, Pastinaken und Möhren, Äpfeln und Birnen oder glutenfreiem Porridge.

Ab dem 5. Monat: Es darf etwas mehr sein
Füttern Sie Breie mit leicht dickerer Konsistenz, doch achten Sie darauf, dass sie glatt sind. Sie brauchen nicht mehr alle Zutaten durch ein Sieb zu streichen, nur noch solche mit Haut und Kernen. Bieten Sie Geschmacksrichtungen wie rote Linsen, Avocados oder Papayas an.

Ab dem 6. bis 9. Monat: Geschmacksvielfalt
Sie können jetzt pürierte oder gemuste Mischungen anbieten. Wenn Ihr Baby „mitspielt", dürfen sie auch gern von festerer Beschaffenheit sein. Mit acht oder neun Monaten freut sich Ihr Baby über erstes Fingerfood: Brokkoli- oder Blumenkohlröschen oder ein Stück gekochte Möhre.

Ab dem 9. bis 12. Monat: Ich kann schon ganz allein essen
Eine große Palette gemuster oder klein gehackter Mahlzeiten passt in dieses Entwicklungsstadium. Dazu Fingerfood, wie gekochtes oder rohes Gemüse, Obst oder Toast – selbstverständlich zum Selbstbedienen und -essen (siehe Seite 19).

Was steht heute auf dem Speiseplan?

Sie dürfen die folgenden Ratschläge ruhig als eine Grundlage für die Planung der Baby-Mahlzeiten ansehen. Zur besseren Übersicht sind die Informationen in Altersgruppen aufgeteilt.

AB DEM 5. MONAT

Wenn Sie in dieser Zeit feste Nahrung einführen, sollten Sie sich an die Anleitung auf Seite 11 halten. Nimmt Ihr Baby bereits feste Nahrung zu sich, erhöhen Sie die Zahl dieser kleinen Mahlzeiten in den kommenden Wochen langsam auf drei, die Sie möglichst gleichmäßig über den Tag verteilen. Diese sollten aus den Geschmacksrichtungen bestehen, die Ihr Baby bereits gern isst, aber auch einfache Kombinationen neuer Aromen berücksichtigen. Hetzen Sie Ihr Baby nicht, lassen Sie sich ganz einfach von dessen Vorlieben lenken. Eine zu große Fülle neuer Geschmacksrichtungen in kurzer Folge kann Ihrem Kind den Appetit auf jegliche feste Nahrung vermiesen. Bleiben Sie also bei der Milchnahrung und führen die neuen Aromen ganz langsam ein.

Proteinhaltige Nahrung

Fein zerdrückte passierte rote Linsen in gekochtem Wasser erhitzt schmecken Ihrem Baby gut, wenn sie mit Kartoffeln, Möhren oder Kürbis verfeinert werden. Dazu passt ein Spritzer Getreideöl. Auch kleinere Mengen weich gekochte Hühnchen- oder Putenbrust können mit dem Gemüse vermischt werden.

Wenn Ihr Baby erst einmal Geflügelfleisch akzeptiert hat, können Sie mageres und gut gekochtes Lamm- und Rindfleisch – natürlich auch mit Gemüse – anbieten.

Die Auswahl wird größer

Auch Gemüsesorten mit stärkerem Aroma gehören nun zum Speiseplan. Es ist allerdings ratsam, zuerst einmal kleinere Mengen davon mit bereits vertraut schmeckenden Gemüsen zu vermischen.

Früchte-Vielfalt

Eine breite Obst- und Gemüsepalette bietet sich an: rohe Avocados, Papayas, Bananen und Melonen. Bieten Sie immer nur eine neue Sorte auf einmal an und warten Sie mit der nächsten, bis ihr Baby sich an den Geschmack gewöhnt hat. Sie können auch Kombinationen – gekochter Apfel mit Banane oder Melone mit Birne – anbieten. Und auch wenn die Papaya Ihrem Baby anfangs ein wenig exotisch daherkommen mag, wenn sie geschält und entkernt ist, verbindet sie sich mit Orangen zu einem wunderbar schmeckenden Brei. Papaya ist fürs Baby aufgrund des darin enthaltenen Enzyms Papain leicht verdaulich.

Viele Gemüsesorten brauchen jetzt nicht mehr durchgesiebt zu werden. Dies gilt allerdings immer noch für Kernobst wie Aprikosen und Pflaumen, das nach wie vor gekocht und passiert werden muss. Wenn Ihr Baby ganz offensichtlich nicht so scharf auf Obstgenuss ist, können Sie das Aroma auch mit etwas Babyreis abmildern.

Milchprodukte

Kleine Portionen leicht verdaulicher Ricottakäse, milder Vollfett-Joghurt oder Frischkäse sind auch schon erlaubt. Wenn in Ihrer Familie Asthma, Ekzeme oder Ohrenprobleme gehäuft vorkommen, sollten Sie damit allerdings noch einen Monat oder länger warten.

> **ZU VERMEIDEN** Weizen, Hafer, Roggen und Gerste, Ziegen- und reine Kuhmilch, Hartkäse, Nüsse und Samen, Eier und Fisch gehören noch nicht auf den Speiseplan. Dies gilt auch für Salz, Zucker, Honig und Innereien.

> **Warum sind glutenhaltige Getreide nicht so gut?**
>
> Weizen, Roggen, Gerste und Hafer enthalten Gluten. Bei besonders anfälligen Kindern kann dies zur Entwicklung der Zöliakie-Krankheit führen, die den Darm schädigt. Dies beeinträchtigt die Absorption von Nährstoffen und führt damit zu Gewichtsverlust. Da anfällige Kinder nur sehr schwer auszumachen sind, ist es besser, dieses Risiko von vornherein zu reduzieren. Kommt eine derartige Intoleranz in der Familie häufiger vor, wird der Mutter meist empfohlen, bis zum sechsten Monat ausschließlich zu stillen, am besten noch länger und auf die Gabe glutenhaltiger Nahrung bis zum neunten Monat zu warten.

VOM 6. BIS 9. MONAT

In diesem Stadium futtern die meisten Babys sich bereits durch drei Mini-Mahlzeiten pro Tag. Normale Nahrung spielt neben der Muttermilch eine immer größere Rolle. Die natürlichen Eisenvorräte Ihres Babys sind jetzt verbraucht. Deshalb ist es wichtig, dass die Nahrung ausreichend Eisen enthält. Der Appetit des Babys ist noch klein, das Wachstum in dieser Phase jedoch groß. Deshalb müssen Nahrungsmittel angeboten werden, die konzentrierte Nährstoffquellen sind. Die Breimahlzeiten dürfen jetzt schon dicker sein, aber auch gemust und fein geschnitten, wenn Ihr Kind dies bereits mag.

DAS SOLLTEN SIE JEDEN TAG ANBIETEN:

o 2 kleine Portionen Obst und Gemüse

o 3 bis 3 kleine Portionen stärkehaltiger Nahrungsmittel, wie Kartoffeln, Reis oder ungesüßte Frühstückscerealien

o 1 ganz kleine Portion proteinhaltiger Nahrung, etwa Käse, Fleisch, Ei, Tofu, Bohnen oder Linsen.

ZU VERMEIDEN Nüsse, fetter Fisch, Schalentiere, Salz, Zucker, Honig und Innereien.

Wenn in Ihrer Familie Lebensmittelallergien oder Krankheiten wie Asthma oder Ekzeme gehäuft vorkommen, werden Sie wahrscheinlich angewiesen, Ihrem Baby erst viel später Milchprodukte und Eier anzubieten. Bis zum dritten Geburtstag sollten Sie dann auch keine Nüsse verarbeiten.

NEUE NAHRUNGSMITTEL

Das Verdauungssystem Ihres Babys ist jetzt schon ausgereifter und verträgt bereits ein großes Sortiment an Nahrungsmitteln.

♦ Weizen und Cerealien enthalten Gluten – Weizenmehl zur Saucenbindung kann jetzt genommen werden. Auch Pasta kann der Babynahrung zugefügt werden – natürlich klein geschnitten und mit anderen Zutaten gemischt.

♦ Vollfettmilch und Käse – milde Sorten wie Rahmkäse, Mozzarella, Gouda, Cheddar und Edamer – gehören jetzt auf den Speiseplan.

♦ Kleine Portionen Eigelb oder fein zerdrückter Tofu können den Babymahlzeiten hinzugefügt werden. Hähnchen-, Putenfleisch und rotes mageres Fleisch mit Gemüse, Reis oder Pasta sind erlaubt.

♦ Mild aromatischer weißer Fisch, etwa Scholle oder Seezunge, aber auch Forelle oder Lachs können gekocht Gemüse oder Käsemischungen beigemengt werden. Um vor Gräten sicher zu sein, sollte Fisch vor dem Kochen gut durchgesehen und danach durchs Sieb passiert werden.

♦ Die Auswahl an Obst- und Gemüsesorten wird jetzt größer. Spinat, Kohl, Porree und Zwiebeln gehören dazu. Empfehlenswert ist, nur jeweils kleinere Mengen eines neuen Nahrungsmittels der Mahlzeit hinzuzufügen, weil der strengere Geschmack das Baby irritieren könnte. Roter, grüner und gelber Paprika sind jetzt auch erlaubt, dazu enthäutete und entkernte Tomaten. Da diese Gemüse schwerer verdaulich sind, sollten auch sie nur in kleineren Mengen dem Brei zugegeben werden.

♦ Beliebt beim Baby ab dem achten Monat sind Brokkoliröschen oder gekochte Möhrenstücke. Auch kleinere Mengen eingeweichte, gekochte und pürierte Trockenfrüchte oder durchgesiebte Kiwi dürfen jetzt angeboten werden.

♦ Obwohl der Muttermilch auch jetzt noch große Bedeutung beikommt, kann es sein, dass Ihr Baby einmal eine Mahlzeit auslassen möchte. Sie sollten dann eine Portion aufgekochtes und abgekühltes Wasser anbieten. Bis zum achten Monat ist Milch allerdings die Haupteiweißquelle für Ihr Baby.

VOM 9. BIS 12. MONAT

Mittlerweile ist Ihr Baby so gewachsen, dass es auch gröbere Nahrung essen kann, erst recht, wenn es bereits einige Milchzähne hat. Doch auch jetzt gilt: Lassen Sie sich von den Wünschen des Kindes leiten. Einige Babys hassen klumpiges Essen und weigern sich, den Mund aufzumachen, andere freuen sich dagegen über unterschiedliche Geschmacksrichtungen und Konsistenzen. In dieser Zeit ist es wichtig, eine unterschiedliche Bandbreite anzubieten. Wenn das Essen jetzt nicht abwechslungsreich ist, fällt es später schwer, Kinder an neue Nahrungsmittel heranzuführen.

Etwas Neues ausprobieren

Jetzt können Sie kleine Mengen von gekochten und fein zerdrückten TK-Erbsen, getrockneten Spalterbsen und Kichererbsen auf den Speiseplan setzen. Auch feine Nuss- und Samenbutter können Sie nun anbieten. Sie ist leicht zuzubereiten: Mahlen Sie angeröstete Haselnüsse, Mandeln, Sonnenblumenkerne oder Sesamsamen und mixen Sie diese mit etwas Pflanzen- oder Sonnenblumenöl zu einer feinen Paste. Das Fisch- und Fleischrepertoire kann in diesem Alter auf geringe Mengen fetten Fisch ausgeweitet werden. Was Gräten anbelangt, sollten Sie besonders wachsam sein. Sie können für die Mahlzeiten auch Tunfisch in Wasser aus der Dose verwenden. Verzichten Sie dagegen auf Fisch, der in Lake konserviert wurde – er ist zu salzig. Auch Hülsenfrüchte schmecken Ihrem Kind, z. B. Bohnen aus der Dose. Es sollte jedoch weder mit Salz noch mit Zucker gewürzt werden. Tomaten aus der Dose sind eine schnelle Zutat, doch verwenden Sie diese wegen des Säuregehalts nicht zu häufig. Ganze Eier können Sie nun verarbeiten, aber Eigelb und Eiweiß müssen hart gekocht und fest sein.

Essen mit der Familie

Es ist jetzt an der Zeit, dass Ihr Baby gemeinsam mit den anderen Familienmitgliedern am Tisch isst. Am einfachsten gelingt dies, wenn Sie etwas von dem Gemüse und ein wenig Fleisch mit Milch leicht zerdrücken. Ihr Baby sollte noch kein Salz essen, deshalb müssen die anderen Mitglieder der Familie nachwürzen. Brühwürfel sind viel zu salzig, und es ist angebracht, selbst etwas salzfreie Brühe aus Hähnchenresten zu kochen oder große Mengen von Gemüsebrühe zuzubereiten und in kleinen Portionen einzufrieren. Wenn Sie wenig Zeit haben, verwenden Sie salzarme Brühwürfel und vermengen diese mit der doppelten Menge Wasser.

Babys sollten auch in diesem Alter noch keinen Zucker essen. Es ist also ein guter Zeitpunkt, um zu überprüfen, wie viel Zucker der Rest der Familie im Allgemeinen zu sich nimmt. Mischen Sie saure Früchte mit Obstsorten, die natürlich süß sind, etwa mit zerdrückten Bananen oder pürierten Datteln: Das wird auch den anderen Familienmitgliedern munden.

Viele Babys mögen Essen mit mehr Geschmack. Sie müssen also den Knoblauch oder die frischen Kräuter nicht völlig streichen. Verwenden Sie anfangs nur etwas weniger davon. Sehr stark gewürzte Speisen bekommen Ihrem Kind noch nicht, nehmen Sie also erst eine Portion ab, bevor Sie Gewürze zugeben. Kann Ihr Kind noch nicht mit dem Löffel umgehen, bieten Sie ihm einfach Fingerfood an. Das Baby fühlt sich als Teil der Gruppe und kann zufrieden unterschiedliche Gemüsesorten mampfen, während Mama und Papa mit am Tisch essen.

ICH KANN SCHON ALLEIN ESSEN

Es ist ein hartes Stück Arbeit, Ihr Baby zum selbstständigen Essen zu ermutigen. Ein kleines Baby kann überaus lebhaft sein, geben Sie ihm deshalb einfach einen extra Löffel, um die kleinen Hände zu beschäftigen. Mit einem zweiten Löffel füttern Sie Ihr Kind. Ideale Fingerfood-Anfänge für das Baby ab acht Monaten sind gegarte Brokkoli- oder Blumenkohlröschen oder Möhrenstücke. Sie halten dem festen Griff stand, sind jedoch weich genug, um das zarte Zahnfleisch nicht zu verletzen. Wenn Ihr Kind erst einmal die heikle Sache mit der Koordination von Augen, Händen und Mund gelernt hat, geht der Spaß so richtig los.

♦ Lassen Sie Ihr Kind während des Essens niemals unbeaufsichtigt!

AUCH DAS KÖNNEN SIE ANBIETEN

♦ Geschälte Bananen
♦ Geschälte Apfelscheiben
♦ Geschälte und in dicke Scheiben geschnittene Gurke
♦ Milde Käsewürfel
♦ Mit Butter bestrichene Toaststücke
♦ Halbe Reiskekse
♦ Brotsticks
♦ Rosinen und Sultaninen – machen Sie sich keine Sorgen, wenn diese mal im Ganzen verschluckt werden

Es geht auch was daneben

Je älter Ihr Kind ist, desto mehr Durcheinander richtet es an. Schützen Sie den Boden unter dem Kinderstuhl mit einer Kunststofftischdecke, einem alten Handtuch oder Zeitungspapier, besonders, wenn es um den Schutz eines Teppichs geht. Widerstehen Sie der Versuchung, die klebrigen Hände und das verschmierte Gesicht vor Beendigung der Mahlzeit abzuwischen, damit Ihr Kind die Erfahrung, ein neues und wunderbares Nahrungsmittel zu essen, so richtig genießen kann. Wenn es fertig ist, können Sie die Reste mit Küchenpapier entfernen.

ZU VERMEIDEN Blaue und unpasteurisierte Käsesorten, Salz, Zucker, Honig, Erdnüsse und Schalentiere.

Was tun, wenn das Baby einen Erstickungsanfall hat

♦ Verschwenden Sie keine Zeit damit, das Essen aus dem Mund Ihres Babys zu nehmen, es sei denn, es geht schnell.
♦ Drehen Sie Ihr Baby mit dem Kopf nach unten – halten Sie dabei den Kopf mit Ihrem Unterarm – und klopfen Sie fest zwischen die Schulterblätter.
♦ Wenn das nicht hilft, versuchen Sie es noch einmal.
♦ Zögern Sie nicht lange und rufen Sie den Krankenwagen.

GEBEN SIE IHREM KIND TÄGLICH:

♦ 3–4 Mini-Portionen Obst und Gemüse
♦ 3–4 Mini-Portionen stärkehaltige Lebensmittel
♦ 2 Mini-Portionen proteinhaltige Nahrungsmittel, etwa Fleisch, Fisch, Eier, Käse, Linsen und Tofu

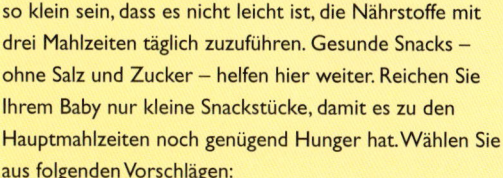

WICHTIG FÜR IHR BABY: GESUNDE SNACKS

Wenn Ihr Baby erst einmal auf den Beinen steht, kann es unglaublich aktiv sein. Im Vergleich zu seiner Größe ist der Bedarf an Energie und Protein erstaunlich groß. Der Appetit dagegen kann so klein sein, dass es nicht leicht ist, die Nährstoffe mit drei Mahlzeiten täglich zuzuführen. Gesunde Snacks – ohne Salz und Zucker – helfen hier weiter. Reichen Sie Ihrem Baby nur kleine Snackstücke, damit es zu den Hauptmahlzeiten noch genügend Hunger hat. Wählen Sie aus folgenden Vorschlägen:

♦ etwas Frischkäse
♦ gewürfelter milder Käse
♦ einige wenige Brotstücke
♦ einen halben Reiskeks
♦ Mini-Sandwiches aus Streichkäse und Banane, fein geriebenen Möhren und Käse
♦ Toaststückchen
♦ krosse Brötchenstücke
♦ Möhren- und Gurkenstücke
♦ eine halbe Banane

Was gehört zum gesunden Essen?

Auch wenn der Appetit schwankt, müssen wir – egal wie alt wir sind – unterschiedliche Nahrungsmittel in ausreichender Menge zu uns nehmen. Im Gegensatz zu Erwachsenen benötigen Kinder die konzentrierte Energie, die Fett zur Verfügung stellt; deshalb ist es nicht ratsam, den Kleinen fettarme Alternativen anzubieten. Eine ballaststoffreiche Ernährung eignet sich ebenso wenig für die Jüngsten, da Ballaststoffe den kleinen Bauch vollstopfen, bevor ausreichend Nährstoffe aufgenommen werden können. Das A und O einer gesunden Ernährung: Gestalten Sie das Essen abwechslungsreich und interessant und variieren Sie so oft wie möglich, wenn Ihr Kind erst einmal entwöhnt ist. Gewöhnen Sie Ihr Kind daran, Lebensmittel aus allen vier Hauptgruppen zu essen.

Obst und Gemüse

Dies sind die ersten Nahrungsmittel, die Ihr Baby erhält. Sie geben dem Essen nicht nur Farbe und machen es auf diese Weise

interessant, sie liefern gleichzeitig essenzielle Vitamine und Mineralstoffe. Beginnen Sie die Entwöhnung mit mild schmeckendem Gemüse, etwa Kartoffeln, Butternut Squash, Yamswurzeln, Süßkartoffeln, Pastinaken und Möhren oder mit Früchten wie Dessertäpfeln, Birnen, Bananen und Papayas. Greifen Sie dann langsam zu kräftigeren Geschmacksrichtungen. Dafür geeignet sind Kiwis, rote Beeren, Orangen, grünblättriges Gemüse, Paprika und Mais.

Proteinreiche Lebensmittel

Kinder wachsen so schnell heran, dass sie im Vergleich zu ihrem Körpergewicht mehr Protein benötigen als Erwachsene. Protein besteht aus 20 Aminosäuren, acht von ihnen kann der Körper nicht selbst herstellen. Diese so genannten essenziellen Aminosäuren sind lebenswichtig für Wachstum und Entwicklung.

Beginnen Sie mit leicht verdaulichen vollfetten weichen Käsesorten, greifen Sie dann zu roten Linsen, Hähnchen, Pute, magerem roten Fleisch und mild schmeckendem Fisch. Später können Sie auch Eier in die Ernährung einbauen, kleine Portionen Hülsenfrüchte und fein gemahlene Nüsse und Samen (aber nur, wenn in Ihrer Familie keine Allergien gegen diese Lebensmittel vorkommen).

Getreide und Cerealien

Sie liefern Energie. Zu Beginn der Entwöhnung sollten Sie glutenfreie Getreidesorten verwenden, etwa weißen Rundkorn- oder Langkornreis. Dann können Sie allmählich dünnen Brei aus Sago, Hirse, Mais oder Tapioka zubereiten. Vom sechsten Monat an können Sie auch glutenhaltiges Getreide anbieten. Dazu gehören Weizenmehl, Brot, Pasta, Hafer und Gerste.

Fette und Zucker

Bestimmte Fette sind für Kinder besonders wichtig, da sie konzentrierte Energie zur Verfügung stellen. Geben Sie ganz kleinen Babys leicht Verdauliches, etwa vollfetten milden Käse oder Joghurt. Verzichten Sie auf Zuckerzusätze und verarbeiten Sie natürlich süßes Obst, z. B. reife Birnen, Bananen oder Trockenfrüchte.

VITAMINE UND MINERALSTOFFE

♦ Da viele Vitamine und Mineralstoffe wasserlöslich sind, geben Sie etwas Wasser, Säuglings- oder Muttermilch zum köchelnden Essen und verwenden Sie bei der Zubereitung des Pürees so viel Flüssigkeit wie möglich.

♦ Schälen Sie das Gemüse erst kurz vor Zubereitung der Mahlzeit.

♦ Dämpfen Sie die Nahrung, damit viele Vitamine erhalten bleiben.

♦ Verwenden Sie grünblättriges Gemüse nach dem Einkauf so schnell wie möglich und setzen Sie es nicht der direkten Sonne aus.

♦ Vitamin C wird durch Hitze und Oxidation zerstört, verwenden Sie also möglichst rohes Obst.

♦ Verwenden Sie angereicherte Frühstückscerealien, sie enthalten zusätzlich Vitamine und Mineralstoffe.

Sind Bio-Produkte besser?

Babys sind chemischen Rückständen von Natur aus stärker ausgesetzt als Erwachsene. Im Vergleich zum geringen Gewicht nehmen sie sehr viel mehr Obst und Gemüse, Fruchtsäfte, Milch, Eier und andere Nahrungsmittel als Erwachsene zu sich, – Lebensmittel, die in der modernen intensiven Landwirtschaft durch Pestizide und Wachstumshormone belastet sind. Darüber hinaus ist ein Baby anfälliger für die Aufnahme von Rückständen, da diese wesentlich leichter in seinen Magen-Darm-Trakt eindringen können.

Obst- und Gemüseprodukte etwa werden mit Pestiziden besprüht, um Pflanzenkrankheiten zu vermeiden und den Ertrag zu erhöhen. Kühe und Geflügel erhalten noch immer Futter, dass Hormone und Antibiotika enthält. Beide Substanzen finden sich in Milch und Eiern wieder. Das wachsende Gesundheitsbewusstsein hat dazu geführt, dass immer mehr Menschen Risiken ablehnen, die von diesen chemischen Substanzen ausgehen, und Bio-Produkte bevorzugen. Nahrungsmittel, die ökologisch angebaut bzw. aufgezogen worden, dürfen keine Hormone, Pestizide oder andere Zusatzstoffe enthalten. Es ist also sinnvoll, wenn Sie für Ihr Baby Bio-Lebensmittel kaufen. Angesichts der größeren Nachfrage haben mittlerweile viele Supermärkte ein eigenes Bio-Sortiment, zu dem auch frisches Obst und Gemüse zählen. Halten Sie Ausschau nach Bio-Milch, Käse und Fleisch. Wenn sich ganz in Ihrer Nähe ein landwirtschaftlicher Öko-Betrieb befindet, sollten Sie dort einkaufen. Die Produkte sind frisch und meist günstiger als im Laden.

Was ist von Fertigmahlzeiten zu halten?

Fertigprodukte sind eine bequeme Sache, vor allem wenn Sie tagsüber außer Haus sind oder zeitaufwändige Aufgaben erledigen müssen. Trotzdem sollte der Löwenanteil der Babynahrung selbst zubereitet werden: Das ist einfach das Beste für Ihr Kind. Hinzu kommt, dass es sich auf diese Weise an die Geschmacksrichtungen der späteren Familienmahlzeiten gewöhnen kann. Nicht zu vergessen: Die Fertigmahlzeiten kosten einiges mehr.

Vorsichtshalber sollten Sie einige Dosen, Gläser und Trockenmahlzeiten als Reserve vorrätig haben. Gerade für sehr kleine Babys sind Trockengerichte geeignet. Der Appetit Ihres Kindes ist noch so winzig, da ist es eine gute Sache, wenn Sie ein oder zwei Teelöffel aus der Packung nehmen und mit Wasser anrühren können. Bei Gläsern oder Dosen kann es vorkommen, dass Sie die Hälfte wegwerfen müssen. Kaufen Sie für Babys unter sechs Monaten gluten- und milchfreie Produkte. Babys bis zu einem Jahr sollten keine Gerichte essen, die Zucker oder Süßstoffe enthalten.

Kann ich mein Baby vegetarisch ernähren?

Heute gilt es nicht mehr als verschroben oder extrem, wenn Sie Ihr Kind vegetarisch ernähren möchten. In den ersten Monaten der Entwöhnung ernähren sich alle Babys vegetarisch. Milch, Milchprodukte, Eier und fein gemahlene Nüsse und Samen (siehe Seite 27) liefern sehr viel Protein, während Obst und Gemüse eine wichtige Quelle für Vitamine und Mineralstoffe sind.

Untersuchungen haben ergeben, dass Kinder, die mit einer vegetarischen Ernährung aufwachsen, ihren Fleisch essenden Altersgenossen in keiner Weise unterlegen sind, solange die Ernährung abwechslungsreich ist. Auch wenn Hülsenfrüchte essenzieller Bestandteil des vegetarischen Essens sind, sollten Sie berücksichtigen, dass Babys die hohe Menge an Ballaststoffen noch nicht vertragen können. Füttern Sie Ihr Kind anfangs nur mit winzigen Portionen gut gegarter roter Linsen. Im Laufe der Zeit – wenn Ihr Baby auf seinen ersten Geburtstag zusteuert – können Sie größere Linsen und Hülsenfrüchte in die Ernährung aufnehmen. Manchmal kann die Versorgung mit ausreichend Vitamin B12, Vitamin D und Eisen ein Problem sein. Besteht Ihre Absicht darin, Ihr Baby vegetarisch und milchfrei zu ernähren, sollten Sie sich vor der Entwöhnung von Ihrem Arzt beraten lassen.

Vegetarier sind im späteren Leben im Allgemeinen weniger anfällig für Herz-Kreislauf-Erkrankungen, Bluthochdruck, Übergewicht, ernährungsbedingtem Diabetes, Gallensteine und einigen Krebsformen.

Sicherer sind Vegetarier vor der Creutzfeld-Jakob-Krankheit und vor Lebensmittelvergiftungen durch E-coli-Bakterien.

VITAMINERGÄNZUNGEN

Eine gute ausgewogene Ernährung sollte Ihr Kind eigentlich mit allen wichtigen Vitaminen und Mineralstoffen versorgen. Wenn Ihr Kind wenig Appetit hat oder sich in einer wählerischen Phase befindet, beruhigt es Sie womöglich, wenn Sie ihm besondere Vitamintropfen geben. Einige Mediziner empfehlen diese zusätzlichen Vitamine, die es auf Rezept gibt, für Babys über sechs Monate. Wenn Sie sich Sorgen über das Gewicht Ihres Babys machen, sollten Sie auf jeden Fall mit ihm zum Arzt gehen.

FÜR KLEINE BABYS SIND DIESE NAHRUNGSMITTEL TABU

Salz

Salz ist Gift für Baby-Nieren, würzen Sie die Speisen des Kindes deshalb nicht mit Salz oder salzigen Brühwürfeln. Garen Sie die Säuglingsnahrung in selbst gemachter salzfreier Hühner- oder Gemüsebrühe, kochendem Wasser, Säuglings- oder vollfetter Kuhmilch. Wenn Ihr Baby schon mit am Familientisch sitzt, würzen Sie das Essen, nachdem Sie für Ihr Baby eine Portion abgenommen haben. Ist Ihr Baby über neun Monate alt, können Sie die Familienmahlzeiten mit Brühwürfeln zubereiten, aber wählen Sie salzarme Varianten und geben Sie zusätzlich Wasser hinzu. Verwenden Sie konzentrierte schmackhafte Aufstriche, etwa Hefeextrakt, sehr selten und geben Sie Ihrem Baby erst davon, wenn es über neun Monate alt ist.

Zucker

Bereiten Sie Babynahrung möglichst ohne Zucker zu, damit Ihr Kind gar nicht erst mit einer Vorliebe für Süßes aufwächst. Süßen Sie saure Früchte, indem Sie diese mit natürlich süßem Obst mischen, etwa Bananen mit Pflaumen und reife Birnen mit etwas Orangensaft. Sie erhalten ein leckeres

Dessert, wenn Sie eingeweichte, gegarte und pürierte getrocknete Aprikosen oder Datteln mit Naturjoghurt oder Frischkäse mischen. Extrem saures Obst wie Rhabarber oder Stachelbeeren brauchen wohl ein wenig Zucker, um schmackhaft zu sein, aber das ist wohl eher eine Ausnahme. Bereiten Sie die Speisen mit süßem Obst zu, um den Zuckeranteil zu minimieren.

Honig

Ihr Baby darf auf gar keinen Fall vor Vollendung des ersten Lebensjahres Honig essen, da die Gefahr des Säuglingsbotulismus besteht. (Bei der Herstellung von Honig kann der Krankheitserrreger Clostridium botulinum, der ein lähmendes Gift bildet, in den Honig gelangen. Bereits kleine Mengen des Erregers, der für Erwachsene ungefährlich ist, können zu einer Lähmung des Säuglingsdarms führen. Unbemerkt kann der Säuglingsbotulismus zum plötzlichen Kindstod führen.)*

Erdnüsse

Wenn eine familiäre Vorbelastung durch Erdnussallergie besteht, sollten Sie sich ärztlich beraten lassen. Auf jeden Fall dürfen Sie Ihrem Kind keine Erdnüsse vor Vollendung des dritten Lebensjahres geben – und auch dies nur unter ärztlicher Beobachtung. Gab es bis jetzt keine derartige Allergie in Ihrer Familie, können Sie den Mahlzeiten Ihres Kindes ab dem neunten Monat fein gemahlene Mandeln oder Haselnüsse beifügen, ab dem zwölften Monat fein gemahlene Erdnüsse. Geben Sie Kindern unter fünf Jahren niemals ganze Nüsse.

Innereien

Da Leber sehr viel Vitamin A enthält, sollten Sie Ihrem Kind keine große Mengen davon geben. Eine winzige Portion pürierte oder fein gehackte gare Leber können Sie Ihrem Baby anbieten, wenn es zwischen sechs und neun Monaten alt ist – allerdings bis zur Vollendung des ersten Lebensjahres nicht mehr als einmal pro Woche.

Schalentiere

Lebensmittelvergiftungen werden nicht selten durch Garnelen und Muscheln verursacht. Sie sollten Ihrem Kind erst nach seinem ersten Geburtstag Kostproben davon anbieten.

Von der Theorie zur Praxis

Auf dieser Doppelseite finden Sie Menüvorschläge, die Ihnen in der täglichen Praxis helfen können. Die Menüpläne auf einen Blick bieten schmackhafte Mahlzeiten: für Babys von 4 bis 6, 6 bis 9 und 9 bis 12 Monaten.

DREI-TAGES-MENÜ FÜR EIN 4–6 MONATE ALTES BABY

	1. Tag	2. Tag	3. Tag
Frühmorgens	Milch	Milch	Milch
Zweites Frühstück	Milch und Schlaf	Milch und Schlaf	Milch und Schlaf
Spätvormittags	Pürierte Banane	Süßkartoffel-Apfel-Püree (S. 34)	Hähnchenchowder (S. 35)
Nachmittags	Milch und Schlaf	Milch und Schlaf	Milch und Schlaf
Spätnachmittags	Süßkartoffel-Apfel-Püree (S. 34)	½ kleine pürierte Avocado	Aprikosen-Hirse-Traum (S. 36)
Abends	Milch	Milch	Milch

DREI-TAGES-MENÜ FÜR EIN 6–9 MONATE ALTES BABY

	1. Tag	2. Tag	3. Tag
Frühmorgens	Milch	Milch	Milch
Frühstück	Babycerealien	Babycerealien	Babycerealien
Zweites Frühstück	Milch und Schlaf	Milch und Schlaf	Milch und Schlaf
Mittag	Cremiges Pastinaken-Tofu (S. 39)	Zarte Gemüsepasta (S. 43)	Baby-Blumenkohl-Käse (S. 44)
Nachmittags	Milch und Schlaf	Milch und Schlaf	Milch und Schlaf
Spätnachmittags	Möhren-Rote-Paprika-Ambrosia (S. 42) Pfirsich-Apfel-Speise (Seite 48)	Porree-Huhn-Eintopf (Seite 45)	Florentiner-Scholle (Seite 46)
Abends	Milch	Milch	Milch

DREI-TAGES-MENÜ FÜR EIN 6–9 MONATE ALTES BABY

	1. Tag	2. Tag	3. Tag
Frühmorgens	Milch	Milch	Milch
Frühstück	Babycerealien Mit Wasser verdünnter Apfelsaft	Babycerealien Mit Wasser verdünnter Apfelsaft	Babycerealien Mit Wasser verdünnter Apfelsaft
Zweites Frühstück	Milch und Schlaf	Milch und Schlaf	Milch und Schlaf
Mittag	Mediterranes Gemüse mit Quinoa (S. 52) Mini-Rahmapfel (S. 62)	Brokkoli-Fenchel-Risotto (S. 54) ½ zerdrückte Papaya	Marokkanisches Lamm (S. 56) Pflaumen-Banane-Dessert (S. 63)
Nachmittags	½ Reiskeks und Wasser zum Trinken	Frischkäse und Wasser zum Trinken	½ kleines Brötchen in kleinen Stückchen und Wasser
Spätnachmittags	Kleine Hummus-Sandwiches ½ zerdrückte Papaya	Knusprige Brotsticks (S. 58) mit Gurken- und Möhrenstückchen	Tunfischragout (S. 57) 1 reife kleine geschnittene Birne
Abends	Milch	Milch	Milch

Wählerische kleine Esser

Die meisten Kinder durchleben Phasen, in denen ihnen das Essen nicht recht zusagt. Das kann einen oder zwei Tage, eine Woche oder zwei oder sogar länger anhalten, wenn Ihr Kind schon älter ist. Die am häufigsten vorkommenden Probleme werden im Folgenden angesprochen. Tipps sollen Ihnen helfen damit umzugehen.

Spuckt Ihr Baby mehr aus als es isst?

Das Essen vom Löffel kann für ein sehr kleines Baby schon schwierig sein. Es handelt sich schließlich um etwas ganz anderes als das Saugen beim Trinken. Versuchen Sie den Löffel nicht zu überladen, damit der Mund des Babys nicht so voll wird. Checken Sie zweimal die Temperatur der Mahlzeit – ist sie etwas zu heiß oder zu kalt?

Vielleicht mag Ihr Baby den Geschmack nicht. Handelt es sich um einen neuen Geschmack, ist es ratsam, das Nahrungsmittel mit der gleichen Menge eines anderen zu vermengen, dass Ihr Kind bereits akzeptiert hat. Wenn Sie gerade damit angefangen haben, Ihr Baby zu entwöhnen, wechseln Sie von Babyreis zu pürierten Kartoffeln oder Butternut Squash. Ist auch das nicht erfolgreich, ist Ihr Baby vielleicht noch nicht reif für feste Nahrung. Warten Sie eine weitere Woche oder zwei, je nachdem, wie alt Ihr Baby ist, und versuchen Sie es dann noch einmal, wenn Sie und Ihr Baby entspannt sind und die Umgebung friedlich und ruhig ist.

Hat Ihr Baby Probleme beim Schlucken der Nahrung?

Versuchen Sie die Babynahrung mit zusätzlicher Säuglings- oder Muttermilch oder etwas abgekühltem abgekochtem Wasser zu verdünnen. Machen Sie den Löffel nicht so voll. Wenn das alles nicht hilft, lassen Sie das feste Essen stehen und geben Sie Ihrem Baby Milch. Schmusen Sie dabei mit ihm, das beruhigt. Versuchen Sie es einige Tage später noch einmal. Wenn es dann immer noch nicht klappt, sollten Sie Ihr Kind vom Arzt untersuchen lassen, um ernsthafte Probleme auszuschließen.

Mein Baby hat keinen Appetit mehr

Genauso wie bei einem Erwachsenen kann der Appetit Ihres Babys von Mahlzeit zu Mahlzeit und von Tag zu Tag schwanken. Es ist schwer zu verstehen, warum ein Baby plötzlich mit dem Essen aufhört. Leider kann es sich uns nicht mitteilen. Schmerzhaftes Zahnfleisch und schlaflose Nächte während des Zahnens reichen schon aus, um keinen Appetit mehr zu haben. Einige Babys mögen auch den Wechsel zu gröberer Nahrungsbeschaffenheit nicht oder haben einfach keine Lust, neue Geschmacksrichtungen zu kosten. Weist es Nahrung zurück, die es vorher mochte, und die Beschwerden halten mehrere Tage an, sollten Sie zum Kinderarzt gehen, das Gewicht des Babys kontrollieren lassen und sich Rat holen.

Mahlzeiten werden zur Willensschlacht

Ältere Kinder wissen ganz genau, dass Nahrungsverweigerung bei Ihnen bestimmte Reaktionen auslöst, vor allem, wenn Sie müde sind und noch andere Kinder am Tisch sitzen. Bewahren Sie Ruhe und erklären Sie Ihrem Kind, wenn es denn kein Essen möchte, sei das in Ordnung, aber stattdessen würde es auch keine Kekse oder andere Süßigkeiten geben. Ist Ihr Kind später hungrig, geben Sie ihm etwas Obst oder eine Portion Frischkäse oder ziehen Sie die nächste Mahlzeit etwas vor. Es hat keinen Sinn, ein Kind so lange am Tisch sitzen zu lassen, bis alle anderen aufgegessen haben; dies gerät für beide Seiten zum Kampf, der mit Tränen und Frustationen endet.

Verfallen Sie nicht in die Unsitte, Ihrem Kind nur das anzubieten, was es besonders gern mag. Das führt schnell dazu, dass Sie zu jeder Mahlzeit zwei Gerichte kochen müssen – eines für Ihren quängeligen Nachwuchs und eines für den Rest der Familie. Bringen Sie Abwechslung auf den Tisch. Bieten Sie einen Tag Chicken nuggets oder Fischstäbchen an, den nächsten Tag eine Fleischkasserolle und dann Pasta – mit einem Gemüse, das Ihr Kind besonders mag. Wenn Ihnen alles zum Hals heraushängt, machen Sie ein Picknick. Das nimmt den Druck von der Seele.

VERLIEREN SIE NICHT DEN MUT

♦ Zwingen Sie Ihr Baby nie, auch den letzten Löffel der Mahlzeit aufzuessen. Es wird seinen Kopf zur Seite drehen, wenn es genug hat.

♦ Kein Baby will verhungern. Bieten Sie ihm unterschiedliche Nahrungsmittel an und verzweifeln Sie nicht; der Tick wird genauso schnell verschwinden wie er gekommen ist.

♦ Sprechen Sie mit Ihrem Arzt über auftretende Schwierigkeiten.

Lebensmittelallergien

Einige Kinder sind für allergische Reaktionen auf bestimmte Nahrungsmittel besonders empfänglich. Wenn in der Familie gehäuft Allergien auftreten, ist das Risiko besonders groß. Das betrifft Nussallergien, Asthma, Ekzeme oder/und Heuschnupfen. Jedes zehnte Kind neigt zu allergischen Reaktionen. Auch wenn manche Kind sozusagen mit den Jahren aus der Allergie herauswächst, gibt es andere, die gegenüber Nüssen, Eiern, Milch oder Schalentieren ihr Leben lang überempfindlich bleiben. Es ist sinnvoll, Kinder, deren Familie eine Allergiegeschichte aufweist, mindestens vier Monate, möglichst noch länger zu stillen. Die Entwöhnung sollte hier erst vom fünften bzw. sechsten Monat an beginnen. Neue Nahrungsmittel sollten auf einmal eingeführt werden. Holen Sie sich Rat, bevor Sie die Ernährung Ihres Kindes auf den Kopf stellen oder wenn Sie den Eindruck haben, dass irgendetwas mit Ihrem Baby nicht in Ordnung ist.

NAHRUNGSMITTEL, DIE OFT ALLERGIEN AUSLÖSEN

Erdnüsse und andere Nüsse

Erdnüsse können die Ursache für anaphylaktische Schocks sein. Hierbei handelt es sich um die schwerste Form einer allergischen Reaktion, deren erste Anzeichen u. a. Schwellungen im Rachenbereich und Luftnot sind. Im schlimmsten Falle versagt der Kreislauf. Wer weiß, dass er auf Erdnüsse allergisch regiert, sollte sich also vor Erdnüssen, Erdnussbutter und unraffiniertem Erdnussöl in Acht nehmen, insbesondere jedoch Fertiggerichte und Snacks meiden. Lesen Sie vor dem Kauf sorgfältig die Angaben der Hersteller.

Wenn in Ihrer Familie Heuschnupfen, Asthma oder Ekzeme vorkommen, sollten Sie die Nahrung Ihres Babys nicht mit Erdnüssen anreichern. Nur unter Beobachtung können Sie Ihrem Kind Erdnüsse geben, sobald es das dritte Lebensjahr vollendet hat. Allergien gegen Haselnüsse, Walnüsse oder Mandeln sind zwar selten, doch sollten Sie auch hier Vorsicht walten lassen.

Milchprodukte

Einigen Kindern fehlt das Enzym Laktase. Der Körper benötigt es, um Milchzucker zu verdauen. Bauchschmerzen und Durchfall können mögliche Anzeichen sein. Scheuen Sie sich nicht, den Arzt aufzusuchen, wenn Sie sich Sorgen machen. Betroffene Kinder müssen Kuhmilch, Käse und Butter meiden. Mögliche Alternativen sind Sojamilch und andere Sojaprodukte. Joghurt wird unter Umständen besser vertragen, da die enthaltenen Bakterien selbst Laktase produzieren. Einige Babys können auch auf Kuhmilcheiweiß allergisch reagieren (auch auf Milch, die auf Soja basiert) und benötigen deshalb eine hypoallergene Säuglingsmilch auf Rezept.

Gluten

Gluten steckt in Weizen, Gerste, Roggen und Hafer sowie in Produkten, deren Grundlage Weizen ist, also Brot und Pasta beispielsweise. Wenn in Ihrer Familie Zöliakie bzw. Sprue (Unverträglichkeit des Organismus gegenüber dem Klebereiweiß Gluten) vorkommt, sollten Sie Ihr Kind unbedingt erst im Alter von neun Monaten mit Hafer, Roggen und Gerste in Berührung kommen lassen; Weizen sollten Sie erst in die Ernährung aufnehmen, wenn Ihr Baby zwölf Monate alt ist.

Babys mit einer Allergie gegen Gluten können an Bauchschmerzen oder Durchfall leiden. Die Krankheit schädigt den Dünndarm, führt zu Nährstoffmangel und zu Gewichtsabnahme. Ist Ihr Kind von der Zöliakie betroffen, sollten Sie ihm zum Frühstück Reiskekse statt Brot, Reis- oder Maisnudeln statt Weizenpasta und Reis- oder Maiscerealien geben. Auch Buchweizen, Hirse und Mohrenhirse (Sorghum) eignen sich.

Eier

Bei einer Vielzahl von Kindern bereiten Eier Probleme. Mögliche Anzeichen sind Hautausschlag, Schwellungen und Magenverstimmungen.

Tomaten

Bei kleinen Kindern können sie zu Ekzemen führen. Wenn in Ihrer Familie Allergien gehäuft auftreten, sollten Sie Ihrem Kind erst Tomaten geben, wenn es den neunten Lebensmonat vollendet hat. Tomaten werden auch mit Hyperaktivität in Verbindung gebracht.

Zitrusfrüchte und Erdbeeren

Eine Reaktion auf diese Früchte kann sich in Hautausschlag äußern. Handelt es sich um eine allergische Reaktion, sollten Sie Ihrem Baby diese Früchte erst wieder geben, wenn es mindestens zwölf Monate alt ist.

Leitfaden für die Ernährung Ihres Babys

Wenn Sie wissen wollen, welche Nahrungsmittel Sie Ihrem Baby wann und wie geben können, hilft Ihnen ein Blick auf folgende Tabellen. Nicht alle vier Monate alten Babys sind schon reif für feste Nahrung; die Altersangaben dienen deshalb lediglich als ungefährer Anhaltspunkt. Wenn Sie das Baby später entwöhnen, verwenden Sie die Nahrungsmittel aus der zweiten Tabelle. Ihr Ziel sollte sein, Ihrem Kind im Alter von elf bis zwölf Monaten eine ausgewogene Ernährung von unterschiedlicher Beschaffenheit zu bieten.

4 MONATE

Beschaffenheit	Ultrafein, glatt, leicht durch ein Sieb streichen
Geschmack	3–4 Mahlzeiten hintereinander denselben milden Geschmack anbieten
Feste Mahlzeiten pro Tag	Von winzigen Portionen von 1–3 Teelöffeln am Anfang bis hin zu 2 Mini-Mahlzeiten
Gemüse	Gekochte Kartoffeln, Süßkartoffeln, Butternut Squash, Pastinake, Möhren
Obst	Geschälte und entkernte Dessertäpfel oder Birnen in etwas kochendem Wasser gedünstet (ohne Zucker); anschl. püriert u. durch ein Sieb gestrichen
Getreide und Hülsenfrüchte	Getreide ohne Gluten; Babyreis, weißer Reis, Maismehl (nur wenn die Körner nicht mit Weizenmehl überzogen sind), Sago, Hirse oder Tapioka – zubereitet als dünner Brei und eventuell durch ein Sieb gestrichen
Milchprodukte	Nein
Nüsse & Samen	Nein
Fleisch	Nein
Fisch	Nein
Milch	Normalerweise Muttermilch oder mindestens 600 ml Säuglingsmilch

5 MONATE

Beschaffenheit	Fein, glatt, etwas dicker püriert, nicht durch ein Sieb streichen
Geschmack	Nur einen milden Geschmack pro Mahlzeit anbieten
Feste Mahlzeiten pro Tag	2–3
Gemüse	Gekochte und pürierte Zucchini mit Haut, Blumenkohl, Brokkoli
Obst	Pürierte rohe Papaya, Bananen, Melonen, Mango, Avocado; ohne Zucker und durch ein Sieb gestrichen, um Schalenreste zu entfernen
Getreide und Hülsenfrüchte	Winzige Portionen von gegarten roten Linsen, püriert mit Gemüse und einigen Tropfen Pflanzenöl
Milchprodukte	Winzige Portionen Ricotta-Käse, vollfetter Joghurt, Frischkäse*
Nüsse & Samen	Nein
Fleisch	Winzige Portionen von völlig durchgegartem Hähnchen oder Pute, gemischt mit Gemüse bis zu magerem roten Fleisch
Fisch	Nein
Milch	Normalerweise Muttermilch oder mindestens 600 ml Säuglingsmilch

* Weitere Details zu Lebensmittelallergien siehe Seite 27.

	6–9 MONATE	
Beschaffenheit	Dickeres glattes Püree oder sehr fein zerdrückte oder durchgedrehte Nahrung	
Geschmack	Verbinden Sie Aromen, die Ihr Kind mag, mit neuen Geschmacksrichtungen	
Feste Mahlzeiten pro Tag	3 – erstes Fingerfood wie gegarter Brokkoli oder Möhren können Sie ab 8 Monaten anbieten	
Gemüse	Geschmacklich kräftigeres Gemüse, etwa Spinat, Kohl, Porree, Zwiebeln, Mais, Sellerie, Fenchel und Paprika*; dazu winzige Mengen von frischen enthäuteten und entkernten Tomaten*	
Obst	Winzige Mengen gekochte, pürierte Trockenfrüchte, enthäutete, entkernte Kiwi, frisch gepresster Orangensaft*	
Getreide und Hülsenfrüchte	Weizen und anderes glutenhaltiges Getreide, z. B. Pasta, Gerste, Hafer und Weizenmehl in Saucen; kleine Mengen Quinoa, gut zerdrückte Bohnen, größere Linsen	
Milchprodukte	Vollfette Kuhmilch zum Kochen, nicht als Getränk, mild schmeckende Käsesorten wie Edamer oder Gouda, Mozzarella, Streichkäse; hart gekochtes und zerdrücktes Eigelb*, kleine Mengen Tofu	
Nüsse & Samen	Nein	
Fleisch	Unterschiedliche Sorten von rotem Fleisch	
Fisch	Gedämpfte Scholle, Seezunge, Forelle, geringe Mengen Lachs; das Fleisch vorsichtig auseinanderzupfen, alle Gräten beseitigen; eventuell durch ein Sieb streichen; mischen Sie den Fisch mit Gemüsepüree	
Milch	Normalerweise Muttermilch oder mindestens 500–600 ml Säuglings- oder Folgemilch	

	9–12 MONATE	
Beschaffenheit	Grob Zerdrücktes und Fingerfood – Toaststreifen, frisches Obst, Gemüse	
Geschmack	Sie können auch zerdrückte Portionen des Familienessens anbieten, aber ohne Salz u. Zucker	
Feste Mahlzeiten pro Tag	3, zusätzlich 1–2 gesunde Snacks	
Gemüse	Sehr viele Gemüsesorten; nun können Sie Erbsen Auberginen, Tomaten aus der Dose anbieten	
Obst	Ungesüßte Fruchtsäfte als Getränk (ein Teil Saft und 10 Teile Wasser); Obst aus der Dose im eigenen Saft; Erdbeeren, Himbeeren, rote und schwarze Johannisbeeren (durch ein Sieb streichen); saures Obst wie Rhabarber oder Stachelbeeren, gemischt mit ein wenig Zucker	
Getreide und Hülsenfrüchte	Sehr viele Getreidesorten, doch wenig unraffinierte; gegarte Trockenerbsen in Schmorgerichten und selbst gemachter Hummus; Couscous	
Milchprodukte	Erhöhen Sie Mengen und Sorten; vermeiden Sie blaue und unpasteurisierte Käsesorten; verwenden Sie Butter u. Margarine, gekochte und zerdrückte ganze Eier	
Nüsse & Samen	Fein gemahlen zu einer Paste vermengt als Brotaufstrich oder Zusatz in Schmorgerichten*	
Fleisch	Erhöhen Sie Mengen und Sorten; geringe Mengen Schinken	
Fisch	Winzige Portionen von fettem Fisch, gemischt mit Gemüse; weißer Fisch (entfernen Sie alle Gräten); Tunfisch in Wasser aus der Dose. Geräucherter Fisch (z. B. Heringe) oder Schalentiere sind erst für Babys ab 12 Monaten geeignet	
Milch	Normalerweise morgens und abends Muttermilch oder 500–600 ml Säuglingsmilch oder Folgemilch (6–9 Monate)	

AB DEM 4. LEBENSMONAT

Für Mutter und Baby ist die schrittweise Einführung von kleinen Babypüree-Mahlzeiten gleichermaßen eine spannende Sache. Halten Sie sich bei Babys erstem Brei ganz strikt an die Portionen und sehen Sie darin eher eine Kostprobe als eine richtige Mahlzeit. Hat Ihr Baby erst einmal Nahrung vom Löffel akzeptiert, bieten Sie ihm zunächst ein bis zwei Teelöffel täglich an.

Nach etwa einer Woche können Sie eine zweite Mahlzeit geben, aber denken Sie daran, die Portionen klein zu halten, um das Verdauungssystem Ihres Kindes nicht zu überfordern. Während der Umstellung von Milch- auf feste Nahrung sollten Sie mit Aromen äußerst vorsichtig umgehen. Babys haben nichts gegen Wiederholungen; sie können ohne Weiteres drei- bis viermal hintereinander Reispüree vertragen. Anschließend können Sie einige Male nacheinander Kartoffelbrei anbieten oder Kartoffel- mit Reisbrei abwechseln. Nach zwei bis drei Wochen können Sie es mit Butternut-Squash- (Kürbis), Apfel- oder Birnenpüree versuchen. Schließlich eignen sich Pastinaken- und Möhrenbrei. In dieser Phase gewöhnen Sie Ihr Baby erst an feste Nahrung vom Löffel, das Hauptnahrungsmittel bleibt immer noch die Milch.

Reispüree

2 PORTIONEN (4 MONATE)

Obwohl Babyreis — sieht aus wie ein feines Pulver —, ein tolles Fertigprodukt ist, möchten Sie Ihren Reis vielleicht lieber selbst zubereiten.

TIPPS

◆ Reinlichkeit ist überaus wichtig. Sterilisieren Sie Schüsseln und Löffel genauso wie die Flaschen. Waschen Sie größere Stücke im Geschirrspüler oder mit der Hand ab. Zum Sterilisieren legen Sie die Teile anschließend drei Minuten in kochendes Wasser. Seite 13 erfahren Sie mehr darüber.

◆ Verwenden Sie weder Salz noch Zucker. Das unfertige Verdauungssystem Ihres Babys kommt damit nicht zurecht.

150 ml Wasser
1 EL Risotto-, Basmati- oder weißer Langkornreis
1–2 EL Mutter- oder Säuglingsmilch

1 Kochen Sie das Wasser in einem kleinen Topf auf. Geben Sie den Reis in ein Sieb und waschen Sie ihn gründlich mit abgekühltem gekochten Wasser. Reis abtropfen lassen und in den Topf geben. Erneut aufkochen und den Reis 12–15 Minuten gar köcheln lassen. Zusammen mit der Milch im Mixer zu einem cremigen Brei pürieren. Das Püree können Sie — je nach Appetit Ihres Babys — auf 2 Portionen verteilen.

2 Geben Sie Ihrem Kind 1 Portion. Restliches Püree abdecken und kühl stellen. Es muss innerhalb von 24 Stunden verbraucht werden. Das Püree mit etwas warmer Milch oder kochend heißem Wasser vermengen, bis es die gewünschte Konsistenz hat. Achtung: Kontrollieren Sie vor dem Füttern die Temperatur.

Kartoffelpüree

2 PORTIONEN (4 MONATE)

Sie finden das langweilig? Dann denken Sie daran, dass Ihr Baby bis jetzt nur Milch getrunken hat. Verwenden Sie keine Aromen oder Gewürze.

TIPP

♦ Achten Sie darauf, dass die Hitze nicht zu hoch ist, die Milch könnte ansonsten anbrennen.

150 g Kartoffeln, geschält und gewürfelt
150 ml Säuglingsmilch oder Wasser

1 Geben Sie die Kartoffeln in ein Sieb und spülen Sie sie mit kochendem Wasser ab. Kartoffeln abtropfen lassen und in einen Topf geben. Zwei Drittel von der Milch oder dem Wasser zugießen und zum Kochen bringen. Kartoffelstücke zugedeckt 10 Minuten weich köcheln lassen. Prüfen Sie ein- oder zweimal während der Garzeit, ob genügend Flüssigkeit im Topf ist.

2 Füllen Sie die Mischung in einen Mixer und pürieren Sie diese kurz zu einem cremigen Brei. Dabei nach und nach restliche Milch oder Wasser zugeben. Das Püree durch ein Sieb streichen.

3 Das Püree auf zwei Schüsseln verteilen. Geben Sie Ihrem Baby sofort 1 Portion, die andere decken Sie ab und stellen sie kühl. Innerhalb von 24 Stunden verbrauchen. Sie können das restliche Kartoffelpüree mit etwas warmer Säuglingsmilch oder kochendem Wasser verdünnen.

Apfelpüree

2 PORTIONEN (4 MONATE)

Verwenden Sie mild-süße Äpfel wie Gala und vermengen Sie diese mit Baby-reis.

TIPP

♦ Birnenpüree können Sie auf dieselbe Art wie Apfelpüree zubereiten. Beide Sorten sind gefriergeeignet. Verwenden Sie reife Birnen, damit Geschmack und natürliche Süße zur Geltung kommen.

1 Dessertapfel, geviertelt, entkernt und geschält
1 EL kochendes Wasser

1 Schneiden Sie den Apfel in Würfel, geben Sie die Stücke in ein Sieb und spülen Sie diese mit abgekühltem gekochten Wasser ab; anschließend abtropfen lassen. Apfelstücke und Wasser in einen kleinen Topf geben, Deckel auflegen und den Apfel etwa 10 Minuten leicht köcheln lassen. Prüfen Sie ab und zu, ob der Apfel bereits gar ist. Apfel in einem Mixer pürieren, dann durch ein Sieb streichen. Falls nötig, etwas abgekühltes gekochtes Wasser zugeben.

2 Eine Portion können Sie sofort dem Baby geben. Den Rest abdecken und kühl stellen. Innerhalb von 24 Stunden verbrauchen.

Butternut-Squash-Püree

**3–4 PORTIONEN
(4–5 MONATE)**

Das Fleisch des Butternut Squash ergibt ein leuchtend orangerotes Püree. Der Kürbis lässt sich gut einfrieren.

TIPPS

♦ Statt des Kürbis können Sie eine grüne Alternative aus gekochter und pürierter Zucchini zubereiten. Für die Jüngsten sollte das Püree durch ein Sieb gestrichen werden.

♦ Je größer die Stücke, desto länger ist die Garzeit.

250 g Butternut Squash, geschält und entkernt
6 EL Säuglingsmilch

1 Schneiden Sie das Kürbisfleisch in Würfel, geben Sie die Stücke in ein Sieb und spülen Sie diese mit kochendem Wasser ab; anschließend abtropfen lassen. Den Kürbis in den Dämpfeinsatz legen und zugedeckt über kochendem Wasser 10 Minuten weich garen. Kürbis in einen Mixer geben und pürieren, dabei nach und nach die Milch zugießen. Falls nötig, streichen Sie den Brei durch ein Sieb.

2 Eine Portion in eine Schale geben und das Baby damit füttern. Restliches Püree abdecken und abkühlen lassen. Anschließend portionsweise einfrieren.

Pastinakenpüree

**3–4 PORTIONEN
(4–5 MONATE)**

Der süße Geschmack der Pastinake ist ideal, um Ihr Baby an feste Nahrung zu gewöhnen.

TIPP

♦ Möhren können Sie auf dieselbe Art zubereiten. Mischen Sie diese mit etwas gekochter Kartoffel, wenn Sie Ihrem Baby zum ersten Mal feste Nahrung anbieten.

150 ml Wasser
250 g Pastinake, geschält und gewürfelt
5–6 EL Säuglingsmilch

1 Gießen Sie das Wasser in einen kleinen Topf und lassen Sie es aufkochen. In der Zwischenzeit geben Sie die Pastinake in ein Sieb und spülen das Gemüse mit kochendem Wasser ab. Anschließend in den Topf geben und zugedeckt 15 Minuten köcheln lassen. Geben Sie die Pastinake und das Kochwasser in einen Mixer und pürieren Sie das Ganze zu einem cremigen Brei; die Milch nach Bedarf nach und nach zufügen.

2 Geben Sie eine Portion in eine Schüssel und füttern Sie das Baby. Den Rest zudecken und abkühlen lassen, anschließend portionsweise einfrieren.

Mittlerweile ist die Entwöhnungsphase Ihres Babys in vollem Gang. Es fühlt sich gut und hat die neue Nahrung und das Füttern mit dem Löffel akzeptiert. Nun können Sie neue Lebensmittel anbieten. Doch überstürzen Sie nichts und achten Sie auf die Wünsche Ihres Kindes. Vielleicht haben Sie den größten Erfolg, wenn Sie ein neues Nahrungsmittel mit einem bereits bekannten mischen, von dem Sie wissen, dass Ihr Kind es mag.

Brokkoli-Kartoffel-Püree

2–3 PORTIONEN (5–6 MONATE)

Grünes Gemüse schmeckt mild und liefert Folsäure und Vitamin C.

TIPPS

♦ Wenn Sie einen starken Mixer besitzen, müssen Sie das Püree nicht zusätzlich durch ein Sieb streichen.

♦ Je größer Ihr Baby ist, desto weniger Flüssigkeit sollten Sie zugeben, damit der Brei dicker wird.

125 g Kartoffeln, geschält und gewürfelt
200–250 ml Säuglingsmilch oder gekochtes Wasser
75 g Brokkoli, in kleine Röschen zerteilt, ohne Stiel

1 Spülen Sie die Kartoffelstücke mit abgekühltem gekochten Wasser ab, lassen Sie sie abtropfen und geben Sie diese dann mit 150 Milliliter von der Milch oder mit Wasser in einen kleinen Topf. Zugedeckt 10 Minuten köcheln lassen. Geben Sie den Brokkoli hinzu und lassen Sie das Ganze weitere 5 Minuten köcheln, bis das Gemüse gar ist. Pürieren Sie die Kartoffel-Brokkoli-Mischung in einem Mixer; nach und nach restliche Milch oder Wasser hinzugießen. Eventuell noch durch ein Sieb streichen.

2 Geben Sie dem Baby sofort eine Portion. Den Rest zudecken und abkühlen lassen; anschließend portionsweise einfrieren.

Süßkartoffel-Apfel-Püree:

Bereiten Sie ein Püree zu, indem Sie eine etwa 200 g schwere, geschälte und gewürfelte Süßkartoffel und einen geschälten, entkernten und gewürfelten Dessertapfel in 175–200 Milliliter Säuglingsmilch oder kochendem Wasser garen. Lassen Sie das Ganze zugedeckt 12–15 Minuten köcheln, bis die Süßkartoffel weich ist. Pürieren Sie Süßkartoffel- und Apfelstücke in einem Mixer, fügen Sie nach und nach die restliche Milch oder das Wasser zu. Streichen Sie das Püree durch ein Sieb. Geben Sie Ihrem Baby sofort eine Portion. Den Rest zudecken und abkühlen lassen; anschließend portionsweise einfrieren.

Hähnchenchowder

**2–3 PORTIONEN
(5–6 MONATE)**

Diese protein-
haltige Mahlzeit
schmeckt nur
eine Spur nach
Hähnchen.

TIPPS

♦ Wenn Sie das Hähnchen bei
ganz schwacher Hitze köcheln
lassen, müssen Sie wahrscheinlich
weder Milch noch Wasser zum
Püree geben.

♦ Wenn Ihr Baby schon recht
entwöhnt ist, können Sie damit
aufhören, den Brei durch ein Sieb
zu streichen. Trotzdem sollten die
Pürees cremig sein.

125 g Kartoffeln, geschält und gewürfelt
50 g Möhren, geschält und gewürfelt
50 g Hähnchenbrust ohne Haut und Knochen, gewürfelt
150–200 ml Säuglingsmilch oder gekochtes Wasser

1 Spülen Sie Kartoffeln, Möhren und Hähnchen mit abgekül-
tem gekochten Wasser ab. Lassen Sie die Zutaten abtropfen und geben Sie diese dann mit 150 Milliliter von der Milch
oder Wasser in einen kleinen Topf. Das Ganze zugedeckt 15
Minuten köcheln lassen. Das Hähnchenfleisch muss völlig gar
sein. Die Zutaten in einem Mixer pürieren. Nach und nach
restliche Milch oder Wasser zugießen und anschließend durch
ein Sieb streichen.

2 Geben Sie Ihrem Baby 1 Portion davon. Den Rest zudecken und abkühlen lassen; anschließend portionsweise
einfrieren.

Apfel-Birnen-Duo

**3–4 PORTIONEN
(5–6 MONATE)**

TIPP

♦ Verwenden Sie reife Birnen und mild schmeckende Gala-Äpfel, so erhalten Sie ein Maximum an natürlicher Süße.

1 süßer Dessertapfel
1 reife Birne
3 EL gekochtes Wasser

1 Schälen und entkernen Sie Apfel und Birne. Anschließend grob hacken. Geben Sie das Obst zusammen mit dem Wasser in einen kleinen Topf und lassen Sie es zugedeckt 10 Minuten weich köcheln. Zum Schluss durch ein Sieb streichen.

2 Geben Sie Ihrem Baby sofort 1 Portion davon. Den Rest zudecken und abkühlen lassen; anschließend portionsweise einfrieren.

Aprikosen-Hirse-Traum

**2–3 PORTIONEN
(5–6 MONATE)**

TIPP

♦ Wenn Sie keine frischen Aprikosen bekommen, verwenden Sie stattdessen reife, süße Pflaumen oder frische Pfirsiche.

2 EL Hirseflocken
3 kleine Aprikosen, abgespült, entsteint und gehackt
etwa 200 ml Säuglingsmlch oder Wasser

1 Geben Sie alle Zutaten in einen kleinen Topf und bringen Sie alles langsam zum Kochen. Dicken Sie das Ganze unter ständigem Rühren in 4–5 Minuten ein. Die Aprikosen sollten weich sein. Pürieren Sie die Mischung in einem Mixer und streichen Sie es anschließend durch ein Sieb, um die Haut der Aprikosen zu entfernen.

2 Geben Sie Ihrem Baby sofort 1 Portion. Den Rest zudecken und abkühlen lassen; anschließend portionsweise einfrieren. Da der Brei während des Abkühlens noch dicker wird, müssen Sie ihn mit etwas zusätzlicher Milch oder Wasser verdünnen, bevor Sie ihn Ihrem Kind anbieten.

Frisches Obst

Vom 5. Lebensmonat an können Sie Ihrem Baby püriertes frisches Obst anbieten. Die Pürees sind im Nu zubereitet und liefern reichlich Vitamine und Mineralstoffe. Damit Ihr Kind sich langsam an den Geschmack gewöhnt, können Sie den Früchtebrei am Anfang mit etwas Fertigreis oder selbst zubereitetem Reis vermengen.

PAPAYA & MELONE

Die Papaya hat einen leicht parfümierten Geschmack und Babys können sie leicht verdauen. Auch der milde Geschmack der Melone kommt bei Babys gut an. Verwenden Sie zunächst Ogen- oder Honigmelone; mit der Zeit können Sie orangefleischige Melonen wie Cantaloupe und Charentais anbieten: Diese Melonenarten liefern mehr Vitamin C und Beta-Karotin, eine Vorstufe von Vitamin A.

Halbieren Sie eine reife Papaya oder Melone oder schneiden Sie die Frucht in Keile. Löffeln Sie das Fruchtfleisch heraus und entfernen Sie die Kerne. Schneiden Sie die Schale ab. Anschließend können Sie das Fruchtfleisch in einem Mixer fein pürieren – Sie brauchen es nicht mehr durch ein Sieb zu streichen. Geben Sie Ihrem Baby eine Portion und frieren Sie den Rest ein.

BANANEN

Bei reifen Bananen verwandelt sich die Stärke in Zucker. Das sorgt nicht nur für einen besseren Geschmack, sondern hilft Ihrem Baby auch bei der Verdauung.

Schälen Sie die Banane und zerdrücken Sie das Fruchtfleisch mit einer Gabel. Anschließend streichen Sie das Püree durch ein Sieb. Vermengen Sie den Brei mit 1–2 Teelöffeln Säuglings- oder Muttermilch, damit das Bananenpüree schön cremig wird. Bereiten Sie das Püree frisch zu, da die Banane sich schnell bräunlich verfärbt. Achtung: Nicht einfrieren!

AVOCADO

Von allen Obstsorten liefert die Avocado das meiste Protein. Nicht nur das: Sie steckt auch voll Vitamin E und Kalium. Ihre einfach ungesättigten Fettsäuren liefern zudem Energie.

Streichen Sie das Fruchtfleisch von einer halben Avocado durch ein Sieb. Fügen Sie 2–3 Teelöffel Säuglingsmilch oder abgekühltes gekochtes Wasser hinzu, damit das Püree cremig wird. Das Avocadopüree lässt sich nicht einfrieren.

Cremiges Pastinaken-Tofu

**2 PORTIONEN
(6–9 MONATE)**

Wenn Sie Tofu
mit zerdrückter
Pastinake ver-
mengen, wird
dieser sahnig-
mild. Die Mi-
schung ergibt
ein einfaches
Essen, das je-
doch reichlich
Proteine liefert.
Babys gewöh-
nen sich leich-
ter an den Ge-
schmack von
Tofu als ältere
Kinder.

TIPPS

♦ Tofu ist eine der wenigen
Quellen für pflanzliches Protein,
das den Körper mit allen essenziellen Aminosäuren versorgt.

♦ Der frische Orangensaft fördert die Aufnahme von Kalzium
aus der Pastinake und Eisen aus
dem Tofu.

♦ Da das Püree leicht süß ist,
eignet es sich hervorragend,
wenn Ihr Baby keinen rechten
Appetit hat.

2 kleine Pastinaken (etwa 300 g), geschält,
    gewürfelt und abgespült
50 g Tofu, abgetropft und zerbröckelt
1 EL frisch gepresster Orangensaft
100–150 ml Vollmilch (3,5 %)

1 Legen Sie die Pastinakenstücke in einen Dämpfeinsatz und
lassen Sie das Gemüse zugedeckt 10 Minuten über kochendem Wasser garen.

2 Geben Sie die Pastinake in einen Mixer oder eine Küchenmaschine und fügen Sie Saft und Tofu zu. Geben Sie nach
und nach die Milch zu und vermengen Sie alle Zutaten zu
einem cremig-dicken Brei. Stimmen Sie die Dicke des Breis
auf die Bedürfnisse Ihres Kindes ab.

3 Die Hälfte des Pürees können Sie sofort Ihrem Baby geben. Die andere Hälfte zudecken, kühl stellen und innerhalb von 24 Stunden aufbrauchen. Eventuell etwas zusätzliches
Wasser oder Milch unterrühren.

Baby-Spinat-Dhal

2 PORTIONEN (6–9 MONATE)

Dieses mild gewürzte Dhal mit fein gehacktem Spinat gefällt den Geschmacksnerven Ihres Babys. Rote Linsen enthalten weniger Ballaststoffe als andere Sorten. Deshalb eignen sie sich gut, um Ihr Baby langsam an Faserstoffe in der Ernährung zu gewöhnen.

TIPPS

♦ Linsen und Reis stellen alle essenziellen Aminosäuren zur Verfügung.

♦ Die zum Schluss zugefügte Tomate liefert Vitamin C, das wiederum die Aufnahme von Kalzium und Eisen (Linsen und Spinat) fördert.

♦ Bereiten Sie einen Vorrat an salzfreier Gemüsebrühe zu und frieren Sie diese portionsweise ein.

40 g rote Linsen, abgespült
25 g weißer Langkornreis
I TL Sonnenblumenöl
I Prise gemahlener Koriander
I Prise gemahlener Kurkuma
250 ml selbst gemachte Gemüsebrühe oder Wasser
25 g gehackter TK-Spinat, aufgetaut, oder
    frische Spinatblätter, zerkleinert
I Tomate, enthäutet, enkernt und fein gehackt

1 Geben Sie Linsen, Reis, Öl, Gewürze und Brühe oder Wasser in einen Topf. Lassen Sie das Ganze aufkochen und köcheln Sie die Zutaten zugedeckt 25 Minuten, dabei gelegentlich umrühren. Die Linsen müssen gar sein. Eventuell weitere Brühe oder Wasser zugießen.

2 Rühren Sie Spinat und Tomate unter und kochen Sie das Ganze weitere 2 Minuten. Pürieren Sie die Zutaten zu einem dicken Brei – je nach Bedürfnis Ihres Babys.

3 Geben Sie Ihrem Kind sofort I Portion. Die andere Hälfte abdecken, kühlen und innerhalb von 24 Stunden verbrauchen.

Kürbispilaw

Dieses Baby-pilaw besteht aus Hirsekör-nern statt Reis. Sie werden zu-sammen mit dem Kürbis ge-gart und leicht mit Piment ge-würzt. Sollten Kürbisse gerade keine Saison haben, können Sie stattdessen auch Butternut Squash verwenden.

TIPPS

◆ Hirse ist glutenfrei und lie-fert nicht nur Energie, sondern auch Protein, B-Vitamine und Mi-neralstoffe. Die Körner enthalten überdies Silizium, das für gesunde Knochen, Zähne, Nägel und Haar mitverantwortlich ist. Hirse ist als volles Korn erhältlich, das wie Reis oder Couscous verwendet wird, oder als Flocken, um daraus Porridge zuzubereiten.

◆ Wie man es bei der leuch-tenden Farbe des Kürbisfleisches erwartet, ist dieses Gemüse eine gute Beta-Karotin-Quelle. Der Körper verwandelt Beta-Karotin in Vitamin A. Kürbis liefert zudem Vitamin E. Er ist leicht verdaulich und deshalb ideal für eine Baby-mahlzeit.

40 g Hirsekörner, abgespült
125 g Kürbis, geschält, entkernt und gewürfelt
1 EL Rosinen (nach Belieben)
1 Prise gemahlener Piment
1 kleines Lorbeerblatt
300 ml selbst gemachte Gemüsebrühe oder Wasser

1 Geben Sie alle Zutaten in einen Topf und bringen Sie das Ganze zum Kochen. Anschließend zugedeckt 25 Minuten köcheln lassen, bis die Hirse gar ist. Eventuell weitere Brühe oder Wasser zugießen. Entfernen Sie das Lorbeerblatt und pürieren Sie die Zutaten mit einem Mixer zu einem dicken Brei – je nach Entwicklung Ihres Kindes.

2 Füttern Sie Ihr Baby sofort mit einer Hälfte des Pilaws. Die andere Hälfte abdecken, kühl stellen und innerhalb von 24 Stunden verbrauchen.

Möhren-Rote-Paprika-Ambrosia

2 PORTIONEN (6–9 MONATE)

Dieses schnell zuzubereitende bunte Püree wird die Aufmerksamkeit Ihres Babys auf sich ziehen.

TIPPS

♦ Je kräftiger ein Gemüse leuchtet, desto mehr Beta-Karotin enthält es. In unserem Körper wird dies in Vitamin A umgewandelt, das für Augen, Immunsystem, Wachstum und Zellen essenziell ist.

♦ Weißer Reis ist ballaststoffarm, deshalb ist er ideal für die Entwöhnung Ihres Babys. Kommen Sie nicht auf die Idee, Naturreis zu verwenden – den verträgt das Verdauungssystem Ihres Kindes noch nicht. Es kann mit ballaststoffereicher Kost noch nicht umgehen.

1–2 Möhren (etwa 125 g), geschält und fein gewürfelt
¼ rote Paprika, entkernt, entstielt und fein gehackt
25 g Risottoreis, abgespült
200 ml selbst gemachte Gemüsebrühe oder Wasser
1 Rosmarinzweig (nach Belieben)
2–3 EL Vollmilch (3,5 %)

1 Geben Sie Möhren, Paprika, Reis und Brühe oder Wasser in einen Topf. Nach Belieben können Sie einen Rosmarinzweig zufügen. Das Ganze zum Kochen bringen und halb zugedeckt 15 Minuten köcheln lassen. Der Reis sollte gar und die Flüssigkeit vollständig aufgenommen werden. Entfernen Sie den Rosmarinzweig.

2 Pürieren Sie die Zutaten mit der Milch zu einem feinen Brei, so dick, wie es die Entwicklung Ihres Babys zulässt.

3 Eine Hälfte davon können Sie Ihrem Kind sofort geben. Die andere Hälfte abdecken, kühl stellen und innerhalb von 24 Stunden verbrauchen oder einfrieren. Wenn Sie die aufgetaute Portion erhitzen, sollten Sie etwas Wasser oder Milch zugeben.

Zarte Gemüsepasta

**2 PORTIONEN
(6–9 MONATE)**

Wenn Sie für Ihr Kind Pasta zubereiten können, dauert es nicht mehr lange, bis es mit am Familientisch sitzt. Bei diesem Gericht erhöhen Brokkoli und grüne Bohnen den Nährwert, und geschmolzener Doppelrahm-Frischkäse verfeinert die Sauce.

TIPP

◆   Brokkoli ist eines der wenigen Gemüse, das die meisten Kinder mögen. Es ist reich an Vitamin C und liefert Beta-Karotin, Folsäure, Eisen und Kalium. Seine wertvollen sekundären Pflanzenstoffe sollen sogar vor Krebs schützen.

40 g Tagliatelle, Makkaroni oder kleine Pastaformen
50 g Brokkoli, in kleine Röschen zerteilt
25 g grüne Bohnen, klein geschnitten
3 EL Doppelrahm-Frischkäse
einige Basilikumblätter (nach Belieben)
3–5 EL Vollmilch (3,5 %)

1 Garen Sie die Pasta 6–8 Minuten in kochendem Wasser. In der Zwischenzeit dämpfen Sie den Brokkoli und die grünen Bohnen 5 Minuten über kochendem Wasser.

2 Gießen Sie die Pasta ab und geben Sie sie zusammen mit dem Gemüse, Frischkäse und Basilikum in einen Mixer. Milch zugießen und ein feines Püree zubereiten.

3 Die eine Hälfte können Sie ihrem Kind sofort anbieten. Den Rest abdecken, kühl stellen und innerhalb von 24 Stunden verbrauchen oder einfrieren.

Baby-Blumenkohl-Käse

**2 PORTIONEN
(6–9 MONATE)**

Sie müssen für Ihr Baby keine Käsesauce zubereiten. Pürieren Sie stattdessen einfach alle Zutaten. Das Ergebnis: eine köstlich milde, schnell zuzubereitende Mahlzeit mit Käse.

TIPP

♦ Milch und Käse sind eine gute Möglichkeit, um die Mahlzeit Ihres Babys mit Protein und Kalzium anzureichern. Dies gilt vor allem dann, wenn Ihr Kind nicht allzu viel Milch trinkt. 40 Gramm Käse entsprechen in etwa 200 Milliliter Milch.

1 kleine Kartoffel (etwa 150 g), geschält, gewürfelt und abgespült
150 g Blumenkohl, in kleine Röschen zerteilt
1 Stück Porree (etwa 2,5 cm), abgespült und in dünne Scheiben geschnitten
40 g milder geriebener Käse (z. B. Gouda)
75–125 ml Vollmilch (3,5 %)

1 Legen Sie die Kartoffel in einen Dämpfeinsatz über kochendem Wasser und garen Sie sie zugedeckt 10 Minuten. Fügen Sie Blumenkohl und Porree zu und garen Sie das Ganze weitere 5 Minuten, bis alle Gemüsesorten weich sind.

2 Füllen Sie das Gemüse in einen Mixer, fügen Sie den Käse zu und pürieren Sie die Zutaten zu einem cremigen dicken Brei. (Bei älteren Babys brauchen Sie wahrscheinlich nicht so viel Milch.) Alternativ können Sie die Zutaten fein zerdrücken, doch stellen Sie sicher, dass der Brei keine Klümpchen enthält.

3 Geben Sie Ihrem Kind sofort die Hälfte. Die andere Hälfte abdecken, kühl stellen und innerhalb von 24 Stunden verbrauchen oder einfrieren.

Porree-Huhn-Eintopf

**3 PORTIONEN
(6–9 MONATE)**

Wenn Ihr Baby an fester Nahrung Geschmack gefunden hat, können Sie Lebensmittel mit etwas mehr Geschmack anbieten. In diesem Rezept werden getrocknete Kräuter verwendet, Sie können aber auch einige frische Zweige aus dem Garten hinzufügen.

TIPPS

♦ Babys, die gestillt werden, sind meist wesentlich empfänglicher für mehr Geschmack im Essen. Der Geschmack der Muttermilch hängt davon ab, was die Mutter zu sich genommen hat.

♦ Statt Wasser können Sie selbst gemachte salzfreie Hühnerbrühe verwenden. Nehmen Sie auf gar keinen Fall Brühwürfel. Sogar salzarme Sorten enthalten zu viel Salz und konzentrierte Gewürze für ein Baby dieses Alters.

♦ Wenn Ihr Baby älter ist und mehr Zähne hat, können Sie die Beschaffenheit der Mahlzeit langsam anpassen: vom cremigen über zerdrücktem Püree bis hin zu einer grob zerkleinerten Mischung.

I Stück Porree (2,5 cm), halbiert
200 g Kartoffeln, geschält und gewürfelt
125 g Hähnchenbrust ohne Haut und Knochen, gewürfelt
75 g Möhren, geschält und gewürfelt
I entsteinte Backpflaume, geviertelt
I Prise gemischte Trockenkräuter
200 ml gekochtes Wasser

I Waschen Sie den Porree unter fließendem kalten Wasser ab und lassen Sie ihn abtropfen. Schneiden Sie ihn in dünne Scheiben. Geben Sie Kartoffeln, Hähnchen und Möhren in ein Sieb, spülen Sie alles mit kaltem Wasser ab und geben Sie die abgetropften Zutaten anschließend zusammen mit Porree, Pflaume und Kräutern in einen kleinen Topf. Gießen Sie das Wasser dazu, lassen Sie es aufkochen und dann zugedeckt 20 Minuten köcheln.

2 Geben Sie Kartoffeln, Hähnchen, Pflaume und die Hälfte der Kochflüssigkeit in einen Mixer oder eine Küchenmaschine und pürieren Sie die Zutaten. Fügen Sie nach und nach die restliche Kochflüssigkeit zu. Geben Sie Ihrem Kind sofort I Portion. Den Rest abdecken, abkühlen lassen und einfrieren.

Florentiner-Scholle

Schollen haben ein so delikates Aroma, dass es selbst die widerwilligsten Fischesser überzeugt.

TIPPS

♦ Der Mascarpone-Käse macht die Sauce zart-cremig. Sie können aber auch vollfetten Frischkäse, Ricotta, Cottage oder geriebenenen Käse verwenden.

♦ Statt Scholle können Sie auch Forellen nehmen. Wie immer bei der Zubereitung von Fisch sollten Sie sorgfältig auf Gräten achten und den Fisch vorsichtshalber durch ein Sieb streichen.

♦ Geben Sie Ihrem Kind als Dessert einen Früchtebrei. Das enthaltene Vitamin C unterstützt die Aufnahme des Eisens aus der Brunnenkresse.

1 kleines Schollenfilet, abgespült
200 g Kartoffeln, geschält und gewürfelt
200 ml Vollmilch (3,5 %)
125 g Zucchini, Enden abgeschnitten und gewürfelt
3 Brunnenkressezweige
1 EL Mascarpone

1 Garen Sie den Fisch zugedeckt 5 Minuten in einem Dampf-kochtopf. Der Fisch sollte undurchsichtig sein. Beseitigen Sie eventuell vorhandene Gräten und zerpflücken Sie den Fisch in kleine Stückchen.

2 In der Zwischenzeit lassen Sie Kartoffeln und Milch 5 Mi-nuten zugedeckt in einem Topf köcheln. Fügen Sie die Zucchini hinzu und garen Sie die Zutaten weitere 3 Minuten. Brunnenkresse untermengen und noch 2 Minuten köcheln lassen. Abgießen, die Milch dabei auffangen.

3 Geben Sie Fisch, Gemüse, Mascarpone und die Hälfte der Milch in einen Mixer und pürieren Sie die Zutaten. Bei Bedarf weitere Milch zugeben.

4 Geben Sie Ihrem Kind sofort 1 Portion. Den Rest ab-decken, abkühlen lassen und portionsweise einfrieren.

Pflaumen-Ricotta-Püree

**2–3 PORTIONEN
(6–9 MONATE)**

Die pürierten Pflaumen werden mit sahnigem italienischen Ricotta vermengt: Das ergibt ein köstliches Dessert. Bereiten Sie mehrere Portionen auf Vorrat zu, wenn frische Pflaumen Saison haben und reif sind. Das Dessert ist gefriergeeignet.

TIPPS

♦ Pflaumen enthalten Vitamin E, ein Antioxidans, das die Zellen vor Schädigungen bewahrt. Sie stecken zudem voll von Kalium.

♦ Die Kombination von Pflaumen und weichem Käse bildet ein gutes Protein- und Kalzium-Paket.

2–3 große reife Pflaumen (etwa 200 g), gewaschen, entsteint und grob gehackt
1 EL Wasser
1 Prise gemahlener Zimt (nach Belieben)
3 EL Ricotta

1 Geben Sie die Pflaumenstücke mit dem Wasser und nach Belieben mit Zimt in einen kleinen Topf und lassen Sie diese zugedeckt 5 Minuten weich dünsten. Abkühlen lassen.

2 Füllen Sie das Pflaumenkompott und den Ricotta in einen Mixer oder in eine Küchenmaschine und pürieren Sie das Ganze zu einer cremigen Masse. Streichen Sie die Masse anschließend durch ein Sieb.

3 Geben Sie Ihrem Kind sofort die Hälfte oder ein Drittel vom Dessert. Decken Sie den Rest ab und stellen Sie ihn kühl. Innerhalb von 24 Stunden verbrauchen oder einfrieren.

Pfirsich-Apfel-Speise

**2 PORTIONEN
(6–9 MONATE)**

Diese sahnig-
zarte Obst-
speise mit
Kardamom
schmeckt na-
türlich süß. Sie
mundet auch
älteren Kindern
und Erwachse-
nen. Geben Sie
etwa ein Löffel
davon über in
Scheiben ge-
schnittene Pfir-
siche oder Eis.
Verwenden Sie
reife Pfirsiche
und süße
Dessertäpfel.

TIPPS

◆ Der hohe Vitamin-C-Gehalt
des Desserts unterstützt die Aufnahme von Eisen, wenn Sie zuvor
eine eisenreiche Mahlzeit ge-
reicht haben.

◆ Einige gekaufte Joghurts enthalten ziemlich viel Zucker. Wenn
Sie selbst Joghurt zubereiten,
können Sie bestimmen, wie viel
Zucker hineinkommt. Und Sie
können sicherstellen, dass Ihr
Baby keine Lebensmittelzusatz-
stoffe aufnimmt.

1 Pfirsich, gewaschen, halbiert, entsteint und grob gehackt
1 Dessertapfel, gewaschen, geviertelt, entkernt und grob
    gehackt
1 EL Wasser
2 Kardamomkapseln, zerstoßen (nach Belieben)
2 EL Naturjoghurt

1 Geben Sie Pfirsich- und Apfelstücke mit Wasser und Kardamom in einen kleinen Topf. Das Obst zugedeckt 5 Minuten
weich dünsten. Entfernen Sie anschließend die Kardamomkapseln.

2 Pürieren Sie das Obst in einem Mixer und streichen Sie die
Masse anschließend durch ein Sieb, um Reste von Haut
und Kardamom zu entfernen. Lassen Sie das Obstpüree abgedeckt abkühlen und mischen Sie es dann mit dem Joghurt.

3 Geben Sie Ihrem Kind sofort die Hälfte davon. Stellen Sie
den Rest abgedeckt kühl und verbrauchen Sie die Speise
innerhalb von 24 Stunden oder frieren Sie sie ein.

Gemischte Gemüseplatte

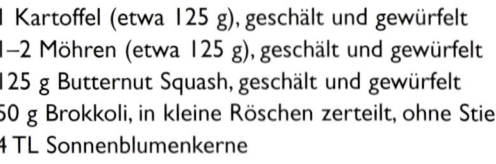

**2 PORTIONEN
(9–12 MONATE)**

Die Sonnen-
blumenkern-
paste liefert
Protein. Das
Gemüse können
Sie variieren:
Rote Paprika,
grüne Bohnen,
Pastinaken
Zucchini und
Spinat passen
ebenso gut.

TIPPS

♦   Sonnenblumenkerne enthalten Protein, B-Vitamine und Kalzium.

♦   Kaufen Sie für Ihre Familie
möglichst organisch angebautes
Gemüse.

♦   Statt vollfetter Kuhmilch
können Sie auch angereicherte
Sojamilch verwenden.

I Kartoffel (etwa 125 g), geschält und gewürfelt
1–2 Möhren (etwa 125 g), geschält und gewürfelt
125 g Butternut Squash, geschält und gewürfelt
50 g Brokkoli, in kleine Röschen zerteilt, ohne Stiel
4 TL Sonnenblumenkerne
I TL Sonnenblumenöl
2–3 EL Vollmilch (3,5 %)

1 Waschen Sie Kartoffel-, Möhren- und Kürbisstücke ab. Das
abgetropfte Gemüse geben Sie in einen Dämpfeinsatz und
lassen es über kochendem Wasser zugedeckt 10 Minuten garen. Fügen Sie den Brokkoli hinzu und lassen Sie das Ganze zugedeckt weitere 5 Minuten garen.

2 In der Zwischenzeit geben Sie die Sonnenblumenkerne mit
dem Öl und 1 Esslöffel von der Milch in eine Gewürz-
mühle oder eine gut abwaschbare Kaffeemühle und bereiten
eine glatte Paste zu. Alternativ können Sie die Zutaten in einen
Mörser geben und mit dem Stößel zerkleinern. Fügen Sie dann
Öl und Milch nach und nach zu.

3 Zerdrücken oder hacken Sie das Gemüse und mischen Sie
es dann mit der Sonnenblumenkernpaste. Fügen Sie so viel
von der Milch hinzu, bis die erforderliche Konsistenz erreicht
ist. Richten Sie sich nach dem Geschmack Ihres Kindes.

4 Geben Sie dem Baby sofort 1 Portion. Den Rest abdecken,
kühl stellen und innerhalb von 24 Stunden verbrauchen
oder einfrieren.

Linseneintopf

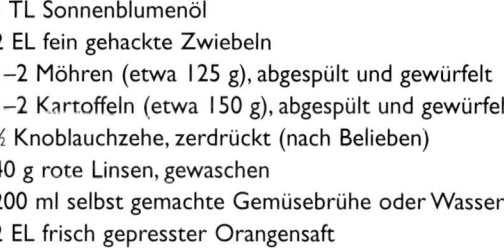

Ab neun Monaten können
Sie einfache
Linsengerichte
geschmacklich
durch in Öl
gedünstete
Zwiebeln
oder etwas
Knoblauch
anreichern.

TIPP

♦ Der Orangensaft liefert
Vitamin C, das die Aufnahme des
Eisens aus den Linsen erleichtert.

1 TL Sonnenblumenöl
2 EL fein gehackte Zwiebeln
1–2 Möhren (etwa 125 g), abgespült und gewürfelt
1–2 Kartoffeln (etwa 150 g), abgespült und gewürfelt
½ Knoblauchzehe, zerdrückt (nach Belieben)
40 g rote Linsen, gewaschen
200 ml selbst gemachte Gemüsebrühe oder Wasser
2 EL frisch gepresster Orangensaft
1 EL fein gehackter Schnittlauch

1 Erhitzen Sie das Öl in einem mittelgroßen Topf, geben Sie
die Zwiebelstücke hinzu und lassen Sie diese 4–5 Minuten
leicht im Öl bräunen. Fügen Sie Möhren-, Kartoffelstücke und
Knoblauch (nach Belieben) hinzu. Dann rühren Sie die Linsen
ein und geben Brühe oder Wasser hinzu. Aufkochen und zugedeckt 25 Minuten köcheln lassen. Eventuell gießen Sie etwas
zusätzliche Brühe oder Wasser zu.

2 Rühren Sie Orangensaft und Schnittlauch unter die Linsen-
mischung und zerdrücken Sie die Zutaten ganz nach dem
Geschmack Ihres Babys.

3 Geben Sie Ihrem Kind sofort 1 Portion. Den Rest abdecken, kühl stellen und innerhalb von 24 Stunden verbrauchen oder einfrieren.

Mediterranes Gemüse mit Quinoa

**2 PORTIONEN
(9–12 MONATE)**

Quinoa können
Sie statt Reis
oder Couscous
verwenden.
Es ist eine gute
pflanzliche Pro-
teinquelle und
in Reformhäu-
sern erhältlich.

TIPPS

◆ Quinoa ist die einzige Ge-
treideart, die alle essenziellen
Aminosäuren liefert. Deshalb ist
es für Vegetarier eine ausgezeichnete Proteinquelle. Es steckt aber
auch voll von Eisen und Kalzium.

◆ Geben Sie die Tomate ganz
zum Schluss zu. So bleibt das Vitamin C erhalten, das die Aufnahme
von Eisen und Kalzium fördert.

1 TL Sonnenblumenöl
1 EL fein gehackte Zwiebel
je ½ rote und gelbe Paprika, entstielt, entkernt und fein
    gehackt
½ mittelgroße Zucchini (etwa 75 g), fein gehackt
½ Knoblauchzehe, fein zerdrückt (nach Belieben)
25 g Quinoa, gewaschen
½ TL Tomatenpüree
300 ml selbst gemachte Gemüsebrühe oder Wasser
1 Tomate, enthäutet, entkernt und fein gehackt
2 TL fein gehackter Oregano, Majoran oder Basilikum
    (nach Belieben)

1 Erhitzen Sie das Öl in einem mittelgroßen Topf, geben Sie
die gehackte Zwiebel hinzu und dünsten Sie diese in
4–5 Minuten leicht braun. Rühren Sie Paprika, Zucchini und
Knoblauch (nach Belieben) unter und dünsten Sie das Ganze
weitere 3 Minuten.

2 Rühren Sie Quinoa, Tomatenpüree und Brühe oder Wasser
ein. Aufkochen lassen und anschließend zugedeckt 20 Minuten bei schwacher Hitze garen. Die Quinoakörner sollten
dann weich sein. Zum Schluss rühren Sie Tomate und frische
Kräuter unter und lassen das Ganze weitere 3 Minuten ohne
Deckel auf dem Herd stehen.

3 Zerdrücken Sie die Mischung je nach Geschmack Ihres Babys. Geben Sie dem Kind sofort 1 Portion. Den Rest zudecken, kühl stellen und innerhalb von 24 Stunden verbrauchen oder einfrieren.

Käsepolenta mit Zucchini

Wenn Sie Ihr Kind schon einige Zeit mit festem Essen gefüttert haben, geht die Vorbereitung der Mahlzeiten schneller von der Hand. Diese weiche Polenta mit Gemüse-Sauce ist eine gute Mahlzeit auf halber Strecke. Es gewöhnt Ihr Kind an Mahlzeiten von festerer Beschaffenheit.

TIPPS

♦ Polenta oder grob gemahlenes Maismehl liefern Kohlenhydrate und Protein; darüber hinaus stecken Sie voll Mineralstoffe wie Eisen und Kalium. Dieses glutenfreie Getreide eignet sich hervorragend für Babys und für jeden, der an einer Glutenallergie leidet. Lesen Sie vor dem Kauf die Angaben auf der Packung: Einige Hersteller überziehen die Polentakörner während des Herstellungsprozesses mit Weizenmehl.

♦ Kleine Kinder benötigen konzentrierte Energie in Form von Fett. Am besten sind Nahrungsmittel, die zudem besonders nährstoffreich sind, etwa Käse. Käse ist reich an Protein, Kalzium und liefert die fettlöslichen Vitamine A, D, E und K.

1 TL Olivenöl
50 g Zucchini, gewaschen und fein gewürfelt
1 Pilz, abgespült und fein gehackt
1 Tomate, enthäutet, entkernt und fein gehackt
½ TL Tomatenpüree
150 ml Wasser
25 g Minuten-Polenta
25 g milder Käse Ihrer Wahl

1 Erhitzen Sie das Öl in einem kleinen Topf, geben Sie die Zucchini- und Pilzwürfel hinein und bräunen Sie beides unter ständigem Rühren 2–3 Minuten. Fügen Sie Tomate, Tomatenpüree und 3 Esslöffel vom Wasser zu, legen Sie den Deckel auf und lassen Sie die Zutaten 5 Minuten köcheln.

2 Das restliche Wasser bringen Sie in einem anderen Topf zum Kochen. Streuen Sie dann unter Rühren die Polenta ein. Unter ständigem Rühren 1–2 Minuten bei mittlerer Hitze garen, bis eine dickliche Masse entstanden ist.

3 Zum Schluss rühren Sie den Käse unter. Füllen Sie die Polenta in eine Schüssel. Falls erforderlich können Sie das Gemüse etwas zerdrücken. Geben Sie die Sauce über die Polenta und lassen sie die Mahlzeit etwas abkühlen, bevor Sie Ihr Baby füttern.

Brokkoli-Fenchel-Risotto

Dieses leichte und erfrischende Abendessen mit einer Spur von Zitrone ist schnell zuzubereiten.

TIPPS

♦ Ein Risotto ist gut geeignet, um Ihr Baby an interessantere Gemüsesorten und neue Gemüse-Kombinationen heranzuführen.

♦ Brokkoli ist reich an Vitamin C und Beta-Karotin. Er liefert zudem Folsäure, Eisen und Kalium.

♦ Veganer lassen das Ei weg. Fügen Sie stattdessen fein gehackten Tofu, gemahlene und geröstete Haselnüsse oder gemahlene Mandeln hinzu, damit die Proteinwerte stimmen.

1 TL Olivenöl
50 g Fenchel, gewaschen und fein gehackt
50 g Risottoreis, gewaschen
300–350 ml selbst gemachte heiße Gemüsebrühe oder Wasser
1 Ei
75 g Brokkoliröschen, abgespült und klein geschnitten, Stiele gehackt
1 EL Zitronensaft

1 Erhitzen Sie das Öl in einem mittelgroßen Topf, geben Sie den Fenchel hinein und dünsten Sie ihn 2–3 Minuten an. Rühren Sie den Reis ein und braten Sie ihn 1 Minute mit an. Gießen Sie ¾ der Brühe hinzu und lassen Sie das Ganze aufkochen. Dann lassen Sie die Zutaten unter gelegentlichem Rühren 10 Minuten ohne Deckel köcheln.

2 In der Zwischenzeit kochen Sie das Ei 8 Minuten in Wasser. Legen Sie das Ei anschließend in kaltes Wasser.

3 Geben Sie nun Brokkoli und Reis in die Brühe und gießen Sie bei Bedarf die restliche Brühe oder Wasser hinzu. Kochen Sie das Ganze unter häufigem Rühren 5 Minuten. Rühren Sie den Zitronensaft unter.

4 Geben Sie die Hälfte des Risottos in eine Schüssel. Zerdrücken Sie es, falls nötig. Schälen Sie das Ei und hacken Sie eine Hälfte in kleine Stücke. Streuen Sie das Ei über das Risotto und füttern Sie Ihr Kind.

5 Wickeln Sie die andere Eihälfte in Klarsichtfolie und legen Sie es in den Kühlschrank. Restliches Risotto abdecken, kühl stellen und innerhalb von 24 Stunden verbrauchen.

Möhren-Cassoulet

**2 PORTIONEN
(9–12 MONATE)**

Vergessen Sie das langsame Garen im Backofen. Dieses blitzschnelle Gericht aus Haricotbohnen, Möhren und Pastinaken kochen Sie auf dem Herd.

TIPPS

♦ Hülsenfrüchte liefern Protein, Mineralstoffe, B-Vitamine und Ballaststoffe. Mit diesem Gericht gewöhnen Sie Ihr Baby an kleine Mengen Faserstoffe – gerade so viel, wie der Magen und Darm Ihres Kindes vertragen.

♦ Kaufen Sie Dosenbohnen, aber achten Sie darauf, dass weder Salz noch Zucker zugefügt wurde. Bio-Gemüse in der Dose enthält meist keine Zusätze und ist mittlerweile fast in jedem Supermarkt zu bekommen. Stattdessen können Sie natürlich auch selbst getrocknete Bohnen kochen.

1–2 Möhren (etwa 125 g), geschält, gewürfelt und gewaschen
1 kleine Pastinake (etwa 150 g), geschält, gewürfelt und gewaschen
1 Stück Porree (2,5 cm), gewaschen und in dünne Scheiben geschnitten
50 g Haricotbohnen aus der Dose ohne Salz und Zucker, abgespült
einige frische Kräuterzweige, etwa Salbei, Rosmarin und Majoran
150 ml selbst gemachte Gemüsebrühe oder Wasser
1 Tomate, ohne Haut, entkernt und fein gehackt

1 Geben Sie Möhren, Pastinake, Porree, Bohnen und Kräuterzweige in einen mittelgroßen Topf, gießen Sie die Brühe darüber und bringen Sie das Ganze zum Kochen. Lassen Sie das Gemüse zugedeckt bei schwacher Hitze 15 Minuten köcheln. Eventuell zusätzliche Brühe zugeben.

2 Nach 15 Minuten die Tomatenstücke zugeben und weitere 2–3 Minuten garen. Kräuter entfernen, Cassoulet eventuell fein zerdrücken.

3 Füttern Sie Ihr Baby mit der halben Portion. Rest abdecken, kühl stellen und innerhalb von 24 Stunden verbrauchen oder einfrieren.

Marokkanisches Lamm

4 PORTIONEN (9–12 MONATE)

Dieses langsam kochende Schmorgericht wird nur leicht gewürzt – mit Zimt und Knoblauch. Es bringt Ihr Kind einen Schritt näher an den gemeinsamen Familientisch.

TIPPS

♦ Auch wenn Ihr Baby schnell heranwächst – verwenden Sie niemals salzige Brühwürfel zum Kochen. Besser geeignet ist selbst gemachte Brühe. Doch Vorsicht: Verwenden Sie auf gar keinen Fall selbst gemachte Brühe, die aus dem Tiefkühlfach kommt, wenn Sie Portionen dieser Mahlzeit einfrieren möchten.

♦ Wenn Sie keine Ofen geeignete Kasserolle besitzen, bereiten Sie die Zutaten in einer Bratpfanne zu und geben Sie diese anschließend in die kleinste Auflaufform, die Sie besitzen und fahren Sie fort wie im Rezept.

125 g mageres Lammsteak, Restfett abgeschnitten und gewürfelt
75 g Kartoffeln, geschält und gewürfelt
75 g Möhren, geschält und gewürfelt
1 TL Olivenöl
2 TL fein gehackte Zwiebel
¼ kleine Knoblauchzehe, zerdrückt (nach Belieben)
1 getrocknete Aprikose, gehackt
1 EL Sultaninen
1 Prise gemahlener Zimt
½ Lorbeerblatt
500 ml kochendes Wasser
75 g Couscous

1 Heizen Sie den Ofen auf 180 °C (Gas Stufe 4) vor. Legen Sie das Lammfleisch in ein Sieb und spülen Sie es mit kaltem Wasser ab. Abtropfen lassen und beiseite stellen. Waschen Sie Kartoffel- und Möhrenstücke und lassen Sie sie abtropfen. Erhitzen Sie das Öl in einer kleinen Kasserolle. Geben Sie Lamm, Knoblauch (nach Belieben) und Zwiebel hinein und braten Sie das Ganze unter häufigem Rühren 3 Minuten an. Kartoffeln, Möhren, Aprikose, Sultaninen, Zimt und Lorbeerblatt zufügen und mit 300 Milliliter Wasser begießen. Aufkochen und zugedeckt 1 Stunde im Backofen schmoren lassen.

2 Lamm aus dem Backofen nehmen, Lorbeerblatt entfernen. Ein wenig Brühe abschöpfen. Zerdrücken oder pürieren Sie das Lamm-Gemüse; geben Sie bei Bedarf nach und nach die restliche Brühe hinzu, bis die gewünschte Konsistenz erreicht ist. Geben Sie das Couscous in eine Schüssel und gießen Sie das kochende Wasser darüber. 5 Minuten quellen lassen. Rühren Sie das Couscous mit der Gabel durch und mengen Sie es dann unter den Lammeintopf. Füttern Sie Ihr Baby sofort mit 1 Portion. Den Rest abdecken und kühl stellen; füllen Sie ihn anschließend in 3 Plastikdosen und frieren Sie die Mahlzeiten ein.

Tunfischragout

**4–5 PORTIONEN
(9–12 MONATE)**

Ermutigen Sie Ihr Baby, größere Nahrung zu sich zu nehmen. Nudeln sind meist leicht zu kauen. Dazu passt eine sämige Sauce aus gemischtem Gemüse, die durch ein wenig Thunfisch Geschmack bekommt.

TIPPS

◆ Verwenden Sie Tunfisch, der in Wasser eingelegt wurde statt in Salzlake. Letzt genannter ist für das Verdauungssystem Ihres Babys ungeeignet.

◆ Sie können statt des Tunfisches auch geriebenen Parmesan verwenden.

◆ Wenn Sie auch für ältere Kinder kochen, können Sie größere Pastaformen verwenden und die Portion für das Baby grob zerkleinern.

¼ rote Paprika (etwa 50 g), entkernt
1 Selleriestange (etwa 75 g), klein geschnitten
½ Zucchini (etwa 75 g), klein geschnitten
1–2 Möhren (etwa 125 g), geschält
1 TL Olivenöl
¼ Zwiebel, fein gehackt
¼ Knoblauchzehe, zerdrückt (nach Belieben)
2 Tomaten aus der Dose
150 ml Wasser
100 g Tunfisch aus der Dose, in Wasser eingelegt, abgetropft
75 g Baby-Pasta oder winzige Suppennudeln

1 Waschen Sie Paprika, Sellerie, Zucchini und Möhren gründlich ab. Nach dem Abtropfen das Gemüse klein hacken. Erhitzen Sie das Öl in einem mittelgroßen Topf und lassen Sie die Zwiebelstücke darin 4–5 Minuten unter gelegentlichem Rühren leicht bräunen. Geben Sie Knoblauch, Paprika, Sellerie, Zucchini und Möhren hinzu und dünsten Sie die Zutaten 1 Minute an. Dann rühren Sie die Tomaten unter und geben das Wasser hinzu. Zugedeckt 15 Minuten weich köcheln lassen.

2 Geben Sie das Gemüse in einen Mixer und zerkleinern Sie alles zu einer glatten Mischung. Zerkleinern Sie die Tunfischstücke und rühren Sie diese in die Sauce.

3 Füllen Sie einen Topf mit Wasser und lassen Sie es aufkochen. Garen Sie die Pasta darin 5 Minuten. Abgießen, abtropfen lassen, eventuell zerkleinern und in die Sauce rühren.

4 Erwärmen Sie 1 Portion und geben Sie Ihrem Baby. Den Rest abdecken, kühl stellen und anschließend in kleine Plastikdosen geben und einfrieren.

Knusprige Brotsticks

**2 PORTIONEN
(9–12 MONATE)**

Ideal für ein schnelles spätes Frühstück, zum Mittagessen oder Nachmittagskaffee und überdies leicht zuzubereiten, da alles im Haus ist. Es macht nichts, wenn das Brot schon etwas alt ist, es wird durch das Eintauchen ins Ei wieder weich.

TIPPS

♦ Beobachten Sie kleine Kinder beim Essen, besonders, wenn sie gerade anfangen, selbstständig Nahrung aufzunehmen. Oft vergessen sie dabei zu schlucken und sehen dann schnell wie Hamster aus, die sich die Nahrung in die Backen stecken.

♦ Zu einer Fingerfood-Mahlzeit können Sie gekochte Brokkoliröschen und gekochte Möhrensticks reichen.

1 Ei (Größe M)
2 TL Vollmilch (3,5 %)
2 TL Sonnenblumenöl
1 kleines Stück Butter
2 Scheiben Brot, ohne Rinde, halbiert

1 Verschlagen Sie Ei und Milch in einer flachen Schüssel. Erhitzen Sie Öl und Butter in einer Pfanne. Ziehen Sie die Brotstücke von beiden Seiten durch die Eimilch und legen Sie diese dann ins heiße Fett.

2 Braten Sie die Scheiben von jeder Seite 2–3 Minuten knusprig. Nehmen Sie sie aus der Pfanne und schneiden Sie das Brot in fingergroße Sticks. Nach einigen Minuten Abkühlzeit können Sie die Sticks den Kindern anbieten.

Tortilla für Knirpse

**2–3 PORTIONEN
(9–12 MONATE)**

Ein tolles Essen quasi aus dem Vorratschrank ist diese Tortilla für Babys ab 9 Monaten, die mit älteren Geschwistern zusammen essen möchten. Sie ist mit gewürfelter roter Paprika, TK-Mais, gewürfelter Zucchini und einigen Pilzscheiben schnell auf den Tisch zu bringen.

TIPPS

♦ Ältere Kinder mögen wahrscheinlich lieber Omelette mit gebackenen Bohnen oder Tomatenketchup. Beim Ketchup sollten Sie Sorten wählen, die möglichst weder Salz noch Zucker enthalten.

♦ Kinder unter einem Jahr sollten keine Mahlzeiten essen, die Salz und Pfeffer enthalten. Geschmack bekommt das Essen durch ein wenig fein gehackte Zwiebel, gehackte Kräuter oder etwas Knoblauch.

♦ Wenn Sie keine kleine Bratpfanne besitzen, verwenden Sie stattdessen einen beschichteten Topf, auch wenn es etwas schwerer ist, die Tortilla zu wenden.

2 TL Sonnenblumenöl
125 g gekochte Kartoffeln, gewürfelt
2 EL TK-Mischgemüse, die größeren Stücke gehackt
½ Frühlingszwiebel, fein gehackt
2 Eier (Größe M)
2 EL geriebener Käse

1 Erhitzen Sie das Öl in einer beschichteten Bratpfanne (Durchmesser 15 cm). Braten Sie Kartoffeln und Gemüse darin 5 Minuten bei mittlerer Hitze an; die Kartoffeln sollten leicht gebräunt sein. Geben Sie die gehackte Frühlingszwiebel hinzu und dünsten Sie diese 1 Minute an.

2 Heizen Sie den Grill vor. Verquirlen Sie die Eier mit dem Käse. Geben Sie die Ei-Käse-Mischung in die Pfanne und lassen Sie diese stocken, bis die Unterseite leicht gebräunt ist. Stellen Sie die Pfanne nun in den Backofen (der Griff sollte die Hitze vertragen) und lassen Sie die Mischung fertig garen. Lösen Sie das Ei vom Pfannenrand und heben Sie die Tortilla auf ein Schneidebrett. Teilen Sie die Tortilla in Stücke. Füttern Sie Ihr Baby oder reichen Sie die Stücke als Fingerfood.

Kürbis-Rosmarin-Brotsticks

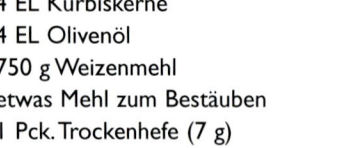

Selbst gemachte Brotsticks sind ideal für ältere Babys. Sie sind gefriergeeignet und brauchen bei Zimmertemperatur nur 30 Minuten um aufzutauen.

TIPPS

♦   Gewöhnen Sie Ihre Kinder lieber an pikante Nahrungsmittel statt an süße. Sogar Babys von neun Monaten aufwärts lieben es, diese Brotsticks zu kauen – vor allem dann, wenn Sie Probleme mit den Zähnekriegen haben.

♦   Kürbiskerne liefern sehr viel Eisen und Phosphor. Sie enthalten auch geringe Mengen an Kalium, Magnesium und Zink. Wenn die Kerne wie in diesem Rezept fein gemahlen werden, sind sie für Babys kein Problem.

4 EL Kürbiskerne
4 EL Olivenöl
750 g Weizenmehl
etwas Mehl zum Bestäuben
1 Pck. Trockenhefe (7 g)
2 Rosmarinzweige, Blätter fein gehackt
etwa 500 ml lauwarmes Wasser

1 Rösten Sie die Kübiskerne in einer Pfanne ohne Fett bei mittlerer Hitze etwa 1 Minute. Zermahlen Sie die Kerne mit 2 Esslöffeln von dem Öl in einem Mörser oder einer Gewürz- oder Kaffeemühle zu einer glatten Paste.

2 Sieben Sie das Mehl in eine Schüssel, geben Sie Kürbiskernpaste, Hefe und Rosmarin hinzu und vermengen Sie das Ganze mit ausreichend Wasser zu einem glatten Teig. Kneten Sie den Teig auf der Arbeitsfläche noch einmal gut durch und teilen Sie ihn anschließend in 60 Stücke. Rollen Sie jedes Stück etwa 20 cm lang aus.

3 Heizen Sie den Backofen auf 220 °C (Gas Stufe 7) vor. Legen Sie die Teigstücke auf 2 gefettete Backbleche. Streichen Sie die Teigstücke mit etwas Öl ein und bedecken Sie sie leicht mit Frischhaltefolie. Stellen Sie die Bleche an einen warmen Ort und lassen Sie den Teig 20 Minuten gehen. Nehmen Sie dann die Folie ab.

4 Schieben Sie die Bleche in den Ofen und backen Sie die Brotsticks 8–10 Minuten. Stellen Sie die Bleche nach 5 Minuten um. Die Bleche zum Abkühlen auf Roste stellen.

5 Legen Sie einige Sticks in eine luftdicht verschließbare Dose. Die Sticks innerhalb von 24 Stunden verbrauchen. Die restlichen Sticks in Gefrierbeutel oder eine große Plastikdose füllen, verschließen und bis zu 6 Wochen einfrieren. Je nach Bedarf einige Sticks entnehmen.

Käsestangen

**ERGIBT 50 STÜCK
(9–12 MONATE)**

Diese beliebten Snacks sind gesünder als Kekse oder Chips, vor allem, wenn Sie rohes Gemüse dazu reichen.

TIPPS

♦ Wer mag, kann halb Weizenmehl, halb Vollkornmehl verwenden.

♦ Für ältere Kinder können Sie die Stangen auch mit Sesam bestreuen.

♦ Versuchen Sie Formen, Buchstaben oder Tiere aus dem Teig zu stechen.

125 g Weizenmehl
etwas Mehl zum Bestäuben
50 g Butter, gewürfelt
75 g milder geriebener Käse
1 Eigelb
1 Ei, verquirlt

1 Heizen Sie den Backofen auf 220 °C (Gas Stufe 6) vor. Geben Sie Mehl und Butter in eine Rührschüssel und verkneten Sie die Zutaten mit den Händen oder einem Handrührgerät zu feinen Krümeln. Rühren Sie den Käse unter. Vermengen Sie das Eigelb mit 1 Esslöffel von dem verquirlten Ei, rühren Sie dies in die Mehl-Butter-Mischung und kneten Sie daraus einen glatten Teig.

2 Kneten Sie den Teig noch einmal auf der Arbeitsfläche durch und rollen Sie ihn dann etwa 3 mm dick aus. Schneiden Sie daraus 1 x 5 cm breite Streifen. Legen Sie die Käsestangen auf Backbleche und bestreichen Sie sie mit dem restlichen verquirlten Ei.

3 Schieben Sie die Bleche in den Ofen und backen Sie die Stangen in 8–10 Minuten goldbraun. Backbleche zum Abkühlen auf Roste stellen.

4 Legen Sie die Stangen in Plastikdosen und verbrauchen Sie innerhalb von 2 Tagen oder frieren Sie sie ein.

Mini-Rahmapfel

**2 PORTIONEN
(9–12 MONATE)**

Diese kleinen gebackenen Kuchen erhalten durch den pochierten Apfel eine natürliche Süße. Die Zutaten stammen aus Speisekammer, Kühlschrank und Obstschale.

TIPPS

♦ Eier sind eine gute Proteinquelle und für Vegetarier ein wichtiger Vitamin-B12-Lieferant. Sie sind überdies reich an Mineralstoffen wie Zink und Eisen.

♦ Das Vitamin C aus dem Apfel unterstützt die Aufnahme des Kalziums aus der Milch.

1 Dessertapfel, geschält, entkernt und gehackt
1 EL Wasser
1 Prise gemahlener Zimt
Butter zum Einfetten
1 Ei
150 ml Vollmilch (3,5 %)

1 Heizen Sie den Backofen auf 180 °C (Gas Stufe 4) vor. Geben Sie Apfel, Wasser und Zimt in einen kleinen Topf. Lassen Sie den Apfel zugedeckt 5 Minuten garen.

2 Fetten Sie 2 Ramequinformen oder andere kleine ofenfeste Formen mit der Butter ein. Verteilen Sie den Apfel auf beide Formen.

3 Verschlagen Sie leicht das Ei. Erhitzen Sie die Milch bis kurz vorm Aufkochen und rühren Sie diese dann in das Ei. Gießen Sie die Ei-Milch-Mischung über den pochierten Apfel.

4 Stellen Sie die Formen in einen kleinen Bräter. Geben Sie kochendes Wasser hinein, bis die Förmchen zur Hälfte darin stehen. Backen Sie die Kuchen 20–25 Minuten, bis die Rahmsauce fest ist. Ist sie noch schwabbelig, backen Sie die Kuchen weitere 5 Minuten.

5 Lassen Sie die Rahmäpfel etwas abkühlen. Die 2. Portion innerhalb von 24 Stunden verbrauchen (die Rahmäpfel sind nicht gefriergeeignet).

Pflaumen-Banane-Dessert

**1 PORTION
(9–12 MONATE)**

Wenn Sie einen kleinen elektrischen Mixer haben, können Sie dieses köstliche, natürlich süße Dessert in wenigen Sekunden zubereiten. Das geht so schnell, dass Sie die Portion kurz vor dem Verzehr fertig machen können.

TIPPS

♦ Bananen liefern wertvolle Energie. Sie enthalten zudem sehr viel Kalium, das für das Herz-Kreislauf-System wichtig ist.

♦ Auch Pflaumen liefern sehr viel Kalium; sie enthalten darüber hinaus Vitamin B6, Eisen und Ballaststoffe. Sie stellen wie Bananen eine konzentrierte Form von Energie zur Verfügung.

♦ Pflaumensaft ist ballaststoffarm, hilft jedoch dennoch bei Verstopfung.

3 entsteinte Pflaumen (etwa 25 g)
1 EL frisch gepresster Orangensaft
½ kleine Banane, in Scheiben geschnitten
2 EL Naturjoghurt

1 Mixen Sie Pflaumen und Orangensaft zu einer feinen Mischung.

2 Geben Sie Banane und Joghurt hinzu. Mixen Sie alle Zutaten noch einmal kurz. Geben Sie das Dessert in eine Schale und bieten Sie es Ihrem Kind an.

Register und Danksagung

Spezielle Fotografie:
Dave Jordan
Hauswirtschafterin:
Sara Lewis
Redaktionsleitung:
Anna Southgate
Redaktion:
Abi Rowsell, Linda Doeser
Künstlerische Leitung:
Leigh Jones
Design:
Mike Leaman
Korrektur:
Lesley Malkin
Bildrecherche:
Jennifer Veall
Produktionsabwicklung:
Jo Sim